山东省以“四新”促“四化”的实现方式和发展路径研究

麻　睿　著

山东大学出版社
SHANDONG UNIVERSITY PRESS
·济南·

图书在版编目(CIP)数据

山东省以“四新”促“四化”的实现方式和发展路径研究/麻睿著.—济南:山东大学出版社,2021.10
ISBN 978-7-5607-7178-6

Ⅰ.①山… Ⅱ.①麻… Ⅲ.①区域经济发展-研究-山东 Ⅳ.①F127.52

中国版本图书馆 CIP 数据核字(2021)第 212564 号

责任编辑 李艳玲
封面设计 王秋忆

出版发行 山东大学出版社
社 址 山东省济南市山大南路 20 号
邮政编码 250100
发行热线 (0531)88363008
经 销 新华书店
印 刷 济南华林彩印有限公司
规 格 720 毫米×1000 毫米 1/16
9.5 印张 156 千字
版 次 2021 年 10 月第 1 版
印 次 2021 年 10 月第 1 次印刷
定 价 48.00 元

前　言

本书的写作目的是要解决以下三个关键问题：山东省新旧动能转换的优势、基础与问题是什么？山东省以“四新”促“四化”有哪些突破口？山东省以“四新”促“四化”可以遵循的路径是什么？

基于研究的关键问题，本书在梳理“四新”与“四化”内涵及国内外发展情况的基础上，借助于充分的调研和数据，对山东省“四新”经济发展情况进行综合分析，认为山东省“四新”经济有自身的突破，体现在重点领域技术不断突破、战略性新兴产业规模不断壮大、农业“新六产”催生众多新业态、传统制造业向智能化转变的新业态、新模式不断涌现等方面，但也存在诸多的问题，如有影响的产业和园区相对不多，新业态、新模式产生速度相对不快，研发创新力度不强，高层次智力支撑相对不够，传统产业改造提升任务艰巨，新经济规模偏小，产业融合度不够，新旧动能转换缺乏统筹协调，资源环境压力加剧，市场主体活力不足，等等。

要解决这些问题，本书又对山东省发展“四新”经济的优势基础进行分析，认为山东省存在经济结构持续优化、传统产业转型升级加快、新经济快速成长、创新能力不断增强、新旧动能转换的体制机制不断完善、新旧动能转换的支撑条件完备等优势。在此基础上，本书还对省内外取得先进经验的地方进行案例发掘，探讨传统动能提质增效的有效路径，并从数字经济、品牌打造、工业评价、企业创新生态等方面寻找可资借鉴的先进经验。

山东省产业结构中，传统产业占工业比重在70%以上。因此传统产业要实施动能转换，实现以“四新”促“四化”是重中之重。本书专门对传统产业改造升级的路径进行了分析，并提出了有效的措施。

另外，本书对山东省以“四新”促“四化”的实现方式进行了探讨，提出要明确总体思路和目标，加快培育“四新”经济，促进“四化”发展；培育壮大战略性新兴产业，积极抢占全球经济制高点；加快推进“智慧产业化”，促进智能制造、信息技术与传统产业相融合，提升传统产业现代化水平；实施“互联网+”，打造融合发展的新业态、新模式，加快推进“跨界融合化”；打造一批产品品牌、产业品牌、城市品牌，加快促进“品牌高端化”；布局建设高层次的综合性重大支撑平台，强化对“四新”经济的支撑保障作用；多领域、多层次布局重大创新平台，提升技术供给能力。提出要优化山东省以“四新”促“四化”的发展路径，必须在以下四个方面下功夫：以持续推进“放、管、服”为重点，营造“四新”经济发展环境；以强化财税支持为核心，着力构建“四新”经济快速发展的政策体系；加大沟通对接力度，积极争取国家政策支持；挖掘文化与组织动能，丰富“四新”经济发展的支持体系。

在本书的写作过程中，得到了山东省相关部门大量的内部统计数据的支持(已过保密期)，同时也得到了山东省委党校多位老师的诸多帮助，研究生宋国超也做了部分资料的收集、整理工作，并有山东大学出版社的编辑老师对书稿进行了精心编排，在此一并向他们表示感谢。

作　者

2021 年 9 月

目　录

第一章 “四新”与“四化”的内涵及发展

第一节 “四新”与“四化”的内涵

“四新”经济是在新一代信息技术革命、新一轮工业革命以及制造业与服务业融合发展的背景下，以现代信息技术广泛嵌入和深化应用为基础，以市场需求为根本导向，以技术创新、应用创新、模式创新为内核并相互融合的新型经济形态。[①] 随着大数据、移动互联网、下一代基因组学、先进机器人、储能技术、先进材料等新技术突飞猛进的发展，“四新”经济正深刻改变着人类社会的生产生活方式。主要发达国家和地区、国内兄弟省市纷纷制定发展战略或行动计划，积极抢占未来经济的制高点。山东省新旧动能转换的中心任务就是以“四新”促“四化”，着力突破关键重点领域，推动新技术异军突起；聚焦战略性新兴产业，打造若干万亿级产业集群，推动新产业培育壮大；引领传统产业加速拓展新领域新空间，推动新业态层出；加快发展平台经济、分享经济等，推动新模式蓬勃兴起。通过培育壮大“四新”经济，汇聚新要素，激发新活力，引导促进“四化”，培育形成持续稳定的发展新动能。

一、聚焦“四新”

“四新”指的是新技术、新产业、新业态、新模式。

新技术可有效提升产品技术水平，改善产品工艺水平，降低社会交易成

---

① 参见刘佳俊：《培育壮大经济发展新动能》，《中国城乡金融报》2021 年 3 月 19 日。

本，促进生产与服务融合，推进信息集成交互，比如空间物理技术和物联网信息技术等。重点是强化数字技术、信息技术、智能技术、绿色技术向各行业各领域广泛渗透。据国际权威机构麦肯锡预测，到 2025 年，移动互联网、云计算和物联网等信息技术产业可能形成 5 万亿至 10 万亿美元的经济效益，下一代基因组可能形成 1 万亿美元规模，先进材料形成约 0.5 万亿美元规模。[①] 2016 年世界经济论坛提出，2016～2025 年的 10 年内，信息技术将融合各行业各领域催生大量的新产业、新业态和新模式，各行业的数字化转型有望带来 100 万亿美元的价值，成为发展新经济的动力。[②] 当前，新一轮科技革命和产业变革蓬勃发展，推动新技术不断涌现，因而我们在推进新旧动能转换的过程中要高度重视技术创新的引领作用。

新产业是指运用新技术，以新市场需求为依托衍生出的新的产业，重点是以新科学发现为基础，积极发展会引起产业体系重大变革的产业，如人工智能、机器人等。根据麦肯锡全球研究院预测，到 2025 年，全球机器人应用每年将产生 1.7 万亿至 4.5 万亿美元的经济影响，其中服务机器人每年将产生 1.1 万亿至 3.3 万亿美元的经济影响，占比 70%左右。[③] 在此背景下，美国近几年强调了以数字化技术、机器人技术为支撑的制造业回归，并提出了新的人工智能研究与发展战略规划；欧盟 2014 年启动了全球最大的民用机器人研发计划，计划到 2020 年投入 28 亿欧元，推进机器人在制造业、农业、健康、交通、安全和家庭等领域的应用。[④] 山东省要高度重视新兴产业培育，做好“无中生有”的文章，实现新产业的颠覆式、爆发式增长。

新业态是指在新技术、新产业带动下，从现有领域中衍生或叠加出的新环节、新活动，如基于互联网的创新设计产业、先进制造方式、新型营销模式等新业态。比如，红领集团利用互联网思维实施全价值链再造，打造了个性化定制的 C2M(用户直连制造)平台，完全颠覆了传统订单生产模式。工厂每天定做 3000 多套西装，每套西装款式由过去大、中、小 3 个号码扩展到现在的 9000 多个号码，创造了一套服务行业“大规模定制”的借鉴方案，为全球

---

① 参见李国杰、徐志伟：《从信息技术的发展态势看新经济》，《中国科学院院刊》2017 年第 3 期。

② 参见李国杰、徐志伟：《从信息技术的发展态势看新经济》，《中国科学院院刊》2017 年第 3 期。

③ 参见曹雪琦：《锐曼智能：实用与智能碰撞新火花》，《中国商界》2018 年第 9 期。

④ 参见任彦：《欧盟启动全球最大民用机器人研发计划》，http://world.people.com.cn/n/2014/0610/c1002-25127288.html，2014 年 6 月 10 日。

服装定制推广知名度，并已在家居、家装、化妆品等行业推广。[①] 下一步，我们要重点推广成熟的基于互联网的大规模个性化定制、网络化协同制造、云制造等模式，大力发展“互联网＋新业态”，推动传统产业触网、上网，插上“互联网的翅膀”，焕发新生命、新活力。

新模式是指以市场需求为中心，打破原先分布的产业链及价值链，重新实现要素的高效组合，比如分享经济、平台经济、融合经济等新模式经济。以共享经济模式为例，其主要特点就是借助信息平台，挖掘线下渠道资源优势，使闲置资源得以利用。通俗地说，就是“没有一个房间也可以开酒店，没有一辆汽车也可以开出租车公司，没有一件商品也可以开商场”[②]，如途家网、滴滴打车、摩拜单车等。目前，我国共享经济已覆盖共享空间、共享金融、共享餐饮、共享出行、共享技能、共享物流等多个领域。山东是人口大省，我们推进新旧动能转换，就要顺应趋势，加强政策研究，推动信息技术与衣、食、住、行等共享经济新趋势有机结合，鼓励和引导共享经济等模式加快发展。

二、“四新”之间的关系

新一轮工业技术革命使传统的行业界限消失并产生各种新的活动领域和合作形式，创造新价值的过程已经改变，产业链分工被重组，政府、企业、消费者之间的关系更加紧密，新商业模式不断涌现（见图 1-1）。

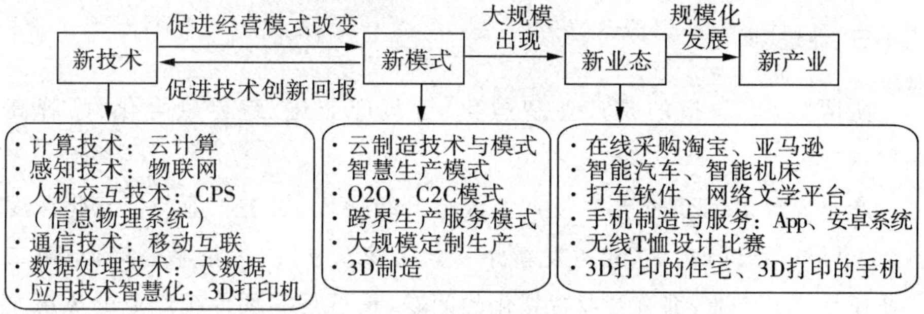

图 1-1　新技术、新模式、新业态和新产业之间的关系

---

① 参见《红领集团 2014 年以来实现 150％的同比增长》，中国行业研究网，http://www.chinairn.com/print/3958306.html。

② 刘奇：《农业共享经济亟待开发》，《农业工作通讯》2017 年第 14 期。

“四新”之间的具体关系如图 1-1 所示。新技术发展体现为计算技术、感知技术、人机交互技术、通信技术、数据处理技术、应用技术等的发展。新技术催生了新的商业模式并促进了现有经营模式的改变，如云制造模式（平台模式）、智慧生产模式、跨界生产服务模式、大规模定制模式。这些新的商业模式是技术与市场的结合，消除了技术对市场的“隔层”效应，带来了畅通的市场信息，从而帮助创新企业实现更多的盈利。盈利所带来的雄厚的资金能够保证技术创新投入的增加和研发的成功率，带动本土创新能力的提升；创新能力提升所带来的新产品和新技术，又能够进一步增强新商业模式在国际市场上的“市场势力”。所以新技术和新商业模式是相互影响、相互促进的。①

新的商业模式极大地影响了现有的业态和产业发展。新商业模式的大规模出现形成了新的业态，如互联网叫车、智联家居、自动驾驶汽车、社区团购等。新业态的规模化发展形成了新产业，也改变了传统产业的发展路径和产业竞争力。例如，盒马生鲜和每日优鲜重构线下超市业态，通过对消费者大数据的运用和快速配送，实现消费者、新鲜产品、场景的最优配置；互联网金融平台对银行短期储蓄和消费借贷垄断运营构成了巨大的冲击；另外还有滴滴等线上打车软件对出租车行业的冲击，移动社交软件微信对传统三大运营商的冲击，直播带货对电商的冲击；等等。总之，新技术、新模式、新业态和新产业之间是渐次递进、相互影响的。

三、促进“四化”

所谓“四化”，指的是产业智慧化、智慧产业化、跨界融合化、品牌高端化。

产业智慧化，就是突出传统产业改造升级换代，推进工业与信息化深度融合，通俗一点讲，就是“老树发新芽”“老树嫁新枝”。无论第一产业、第二产业还是第三产业，都有产业智慧化的问题，重点是实现传统产业的凤凰涅槃、浴火重生。比如媒体曾经报道，中国游客赴日本疯狂抢购马桶盖。马桶制造本身属于传统制造业，可是一旦加了“智能”，就形成一个巨大的市场。

① 参见赵君丽：《发达国家“四新”经济的发展及对上海的启示》，《上海经济研究》2015 年第 5 期。

2016年，国内智能马桶盖销量超过300万套，智能马桶销量达到200万台，但智能马桶普及率仅为5%，而日本公共场所智能马桶普及率已达90%。[①] 有专家预测，如果未来国内智能马桶普及率能提升到20%，将意味着形成一个千亿元市场。所以产业新不新、市场大不大，关键在于能否实现技术创新和突破，提升制造水平，实现凤凰涅槃。

智慧产业化，就是致力于新兴产业的培育壮大，实现腾笼换鸟、换俊鸟靓鸟，重点是聚焦人工智能、云计算、物联网、移动互联网、虚拟现实、大数据等领域，推动知识、技术、创意加速向现实生产力转化，培育一批百亿千亿级智慧产业。在智慧产业化方面，南方部分省市已先行一步。贵州经济增速连续8年位居全国前三，以大数据为引领的新一代信息技术产业发挥了重要支撑作用；杭州信息经济增加值增速已达到GDP增速的2倍以上，对GDP的贡献率已超过50%；合肥实现了6代、8.5代面板产业化，国内首条、全球最先进的10.5代线即将投产，成为全国最大的平板显示制造基地；为发展集成电路产业，湖北省财政部门出资设立了武汉新芯集成电路公司，建设了面积近600平方千米的武汉光谷，制定了《2020年千亿产业大跨越计划》。[②] 下一步，山东省也要在新兴产业培育上，尤其是新一代信息技术前沿阵地开拓方面跟踪盯紧，果敢突破，抢抓先机，做好“无中生有”的功课，抢占产业发展制高点。

跨界融合化，就是突出三次产业之间、产业内部、行业之间的融合发展，挖掘培育新增长点，重点是发展农业“新六产”、制造业与互联网融合、服务业与先进制造业融合。比如，服务业出现了产品化、标准化、连锁化趋势，而这些本来是制造业的基本要素和模式。制造业也开始以产品为中心向服务业端延伸，全面提升产品附加值。服务业制造业化，制造业服务业化，已经成为共识。[③] 当今世界制造业服务化趋向十分明显，许多大型制造企业在销售产品的同时，提供与该产品配套的信息系统、软件、程序及维护等服务，甚至很难判断这些企业是制造企业还是服务企业，例如通用、福特、丰田三家汽车制造商，其服务收入均占到集团总收入的70%以上。

---

① 参见《春节终于没了智能马桶盖刷屏，厕所革命却未终结》，每经网-每日经济新闻，http://www.nbd.com.cn/articles/2017－02－06/1073914.html。

② 参见《湖北以集成电路产业发展促进长江经济带建设》，中国产业经济信息网，www.cinic.org.cn/site951/gdcj/2015-12-14/806103.shtml。

③ 参见吴维海：《明确战略方向 推动新旧动能转换》，《中国物价》2018年第1期。

品牌高端化，就是要实施品牌提升战略和标准化发展战略，壮大以技术、标准、品牌、质量、服务为核心的发展新优势，培育一批国内领先、国际知名的名牌产品、名牌企业和区域品牌聚集地，形成产业的国际竞争力。比如，讲智能手机想到华为，讲无人机想到大疆，讲啤酒想到青啤，讲家电想到海尔等等，这属于品牌产品、品牌企业。还有区域品牌，如湖北的集成电路、安徽的新型显示技术、湖南的轨道交通、贵州的大数据、深圳的机器人、杭州的电子商务等等，这些区域的特色优势产业突出，具有行业影响力大、竞争力强的特点。山东省要打造好客山东、好品山东、厚道山东、厚道鲁商等一批有影响力的公共品牌。实施新旧动能转换，品牌高端化是重要切入点，更是引导产业高端化的重要目标方向。

第二节　发达国家的发展情况

从国外来看，美国、德国、英国、日本等国家均提出了面向未来经济发展的重大战略，纷纷把培育“四新”经济特别是制造业智能化和跨界融合发展，作为塑造国家核心竞争力的重要举措。

美国提出了“再工业化”战略，先后发布了《先进制造业国家战略计划》《国家制造业创新网络：初步设计》《复兴美国制造业创新法案》，进一步明确了制造业的战略布局、发展路径和推进措施，重点布局新能源、信息经济、生物经济等新兴产业，支持微软、谷歌、苹果、亚马逊、特斯拉、太空探索（Space X）等企业大力研发新技术、拓展新模式、培育新业态、打造新产业，形成了“四新”经济不断涌现的发展态势。①

德国推出《高技术战略 2020》，明确实施“工业 4.0”等十大未来项目，充分利用信息物理融合系统，推动德国制造业向智能化转型。②

英国先后发布了《制造业战略》《新产业新工作战略》《英国产业战略》等战略计划，大力推动先进技术的工程化、产业化；目前已在高价值制造、细胞

① 参见陈汉林、朱行：《美国“再工业化”对中国制造业发展的挑战及对策》，《经济学家》2016 年第 12 期。

② 参见黄阳华：《德国“工业 4.0”计划及其对我国产业创新的启示》，《经济社会体制比较》2015 年第 2 期。

疗法、数字化、海上再生能源、卫星应用、运输系统、分层医学诊断等9个领域建立了一批世界级产业创新中心，未来还将在绿色经济、机器人和自主系统、机器学习、基因组学、下一代计算、物联网、复合半导体、光子学、食品安全、低碳交通等领域布局建设产业创新中心。

日本分别于2006年、2009年、2010年三次制定调整“新经济增长战略”，提出重点发展环保、健康、科技和信息等七大战略领域；2014年通过了《科学技术创新综合战略2014——为了创造未来的创新之桥》，重点推进信息通信技术、纳米技术和环境技术三大跨领域技术发展，着力培育产业竞争力增长的新源泉。

第三节 国内发达地区发展情况

从国内来看，上海、江苏、湖北等省市均制定出台了发展新经济、培育新动能的政策措施或指导意见，特别是上海市不仅出台了意见，还发布了“绿皮书”，是国内较早系统推进“四新”经济发展的省市，并且取得了十分显著的发展成效。

“十二五”以来，上海市提出实施“2554”的“四新”经济发展思路，即聚焦一批重大项目、一批重大创新工程，着力推进体制机制等5个方面创新，完善服务支撑体系等5个方面的措施。依托工业园区、生产性服务业功能区、创意产业集聚区、信息服务产业基地等平台优势，打造了99个产业创新基地，成为“四新”经济发展的策源地和集聚地；研究设立了一批“四新”重点领域的产业基金，加大了对“四新”领域的投入力度；成立了由龙头企业、中小企业、科研机构组成的创新联盟，培育创新团队和人才，打造拳头产品，形成创新链；依托行业协会、龙头企业、产业园区和相关教育机构，建设了17家“四新”高技能人才实训基地，打造了“产业基地＋产业基金＋产业联盟＋产业人才基地”的发展模式。2015年编制出台《上海“四新”经济发展绿皮书》，发布了上海“四新”经济热点领域。2017年3月出台了《关于加快推进本市“四新”经济发展的指导意见》，围绕培育新动能和新业态、载体建设、服务支撑、政策引导、管理制度等5个方面，进一步完善了推进制度，形成了政策体系，有效促进了“四新”经济的发展。在“四新”经济的引领下，“十二五”期间，上海市国内生产总值(GDP)年均增长7.5%,第三产业增加值占GDP比重年均增长2个百分点。2016年,全市GDP达到2.67万亿元,第三产业增加值占GDP比重达到70.5%[①],分别高于全国、山东省19.9个、23.2个百分点,全市经济转型成效十分明显。

从主要发达国家和国内部分省市发展经验看,“四新”经济在整个经济体系中起到了很好的引领支撑作用。一是有利于促进新供给与新需求有效衔接,推动生产要素重组和优化资源配置,提升资源配置效率和全要素生产率,是实现供给侧结构性改革的内在需求。二是有利于促进一、二、三产业跨界融合,推动发展方式由要素、资源驱动向创新驱动转变,是实现新旧动能接续转换的关键所在。三是有利于加快突破各领域关键技术,推动产品价值链由中低端向中高端提升,是实现经济社会转型升级的必由之路。

① 参见《上海市2016年国民经济和社会发展统计公报》,中国统计网,http://www.tjcn.org/tjgb/09sh/34835.html,2017年3月6日。

第二章　以“四新”促“四化”发展现状研究

自从以“四新”促“四化”经济发展思路提出以来，不少学者基于“四新”理论，为解决当前经济发展中的问题提出建议，并梳理了当前应用“四新”理论过程中的经验。大部分文献大致分三个角度研究，分别是微观企业创新、中观产业升级和区域经济发展；此外，本书还单独总结了“四新”促“四化”对乡村振兴的作用。

第一节　以“四新”促“四化”在微观企业发展中的现状研究

工业高质量发展的本质特征就是在不断适应科技进步和社会化大生产过程中实现产业结构的转型升级，而产业结构的转型升级就是市场主体——企业的突破创新。在以“四新”促“四化”的视域下，山东省传统产业企业大都面临着新技术应用少、管理体制落后、缺乏专业的人才以及信息化不足等弊端，不少企业理念依旧落后，部分企业突破原有的发展思路迫在眉睫。以“四新”促“四化”可以为山东传统企业的转型升级提供理论支撑。

党的十八大以来，山东省积极推动企业转型升级，但是传统企业不可避免地存在较强的路径依赖。任爱丽总结了山东省内企业华泰集团以“四新”作为企业转型升级的指导方针，寻求“四化”新突破的做法。华泰集团将信息技术、高端技术、数字智能融入企业发展中，以产品升级激发企业运行活力，加快向“智”造化迈进。在李克强总理和德国总理默克尔共同见证下，华泰集团与欧洲最大的家族企业之一的福伊特签约，为传统产业升级“4.0”引进最先进的设备，应用信息化、智能化数控技术。改造后的造纸机械由过去单一产品向多元化迈进，由批量生产向量身定做过渡，实现了订单生产一体化、公司决策一体化、生产管理数字化。“四新”极大地促进了该企业的高端化，高端纸生产供不应求，突破传统企业转型难的困境，开启了乡镇企业“四化”的新征程。[①] 李毅总结了日本安川电机融合创新的百年产业升级路径，即把企业高质量发展的载体放在拳头产品上，电机就是其中之一。19 世纪 20 年代的安川正是从电机做起，在日本经济腾飞的五六十年代融入国家发展战略。在 20 世纪 90 年代日本经济下滑时安川则实施走出去的战略，2008 年金融危机以后变成“提供整体解决方案的安川”。“机电一体化”是安川电机对业务相同、产业相近的不同业务跨界融合化的成果，适应了日本 20 世纪 90 年代经济转型时期对这种集约式发展的需要，奠定了安川高质量发展的基石。[②] 安川电机是立足传统产业提绩效、新兴产业提规模的代表企业，对当前山东省持续深化改革、引导企业渡过新旧动能转换“阵痛期”具有较强的借鉴意义。

第二节　以“四新”促“四化”在促进区域经济发展中的现状研究

以“四新”促“四化”在国际形势不断变化的背景下，是形成以国内大循环为主体、国内国际双循环新发展格局的关键。中国区域经济发展、人才分布不平衡，各地资源禀赋又有所不同，实现区域经济再发展的路径不一，如何运用好“四新”促“四化”，补足地方经济发展短板，是各地学者研究的重要课题。

我国改革开放的切实经验之一，是给市场主体一定的自由空间，做好适度监管，使其获得更多新模式发展的机会。赵君丽、吴建环从上海当前“四新”发展水平不足出发，着眼于突破企业的发展瓶颈，提出借鉴发达国家经验，研究美欧国家的“去工业化”和“再工业化”、德国的“工业 4.0”路径演化经验，为有活力、有创新力的主体提供政策配套，鼓励企业建立科研中心和实验室，引导企业加大对研发（R & D）的投入力度，以提升承接科技成果

---

① 参见任爱丽：《华泰集团：抢抓机遇补短板　产业融合促升级》，《中华纸业》2018 年第 17 期。

② 参见李毅：《高质量发展与“融合式创新”：基于安川电机产业升级的微观比较》，《现代日本经济》2021 年第 2 期。

转化的能力，不断对产业链进行流程再造。赵君丽、吴建环还指出，上海制造业处于转型升级的关键时期，要让传统产业融入新的制造技术、补充新的经营理念。持续关注国际科技前沿动态，寻找上海在产业链中的合适位置，嵌入全球产业链，以点带面地带动全产业链突破创新，有效利用好国内市场和生产要素，让前沿技术在中国生根发芽。同时还应积极参与标准设计。① 过去中国企业作为标准的追随者和接受者，更多考虑的是如何适应国外标准，没有足够话语权，始终处于产业链低端，缺乏“四新”促“四化”的条件，无法实现品牌高端化以提升其价值。现在企业应积极抓住全球产业转型升级的机遇，变被动接受者为主动参与者，在标准设计制定中发挥积极作用。

在山东省内，济南和青岛两市可以借鉴上海的经验；其他地级市则可以学习马鞍山市。赵玲研究指出，在去除落后低效产能的大背景下，马鞍山市面临改革开放以来前所未有的挑战。该市主要依靠钢铁和水泥等传统产业，与山东部分地区经济结构有相似之处。马鞍山市既有顺应技术革命潮流的需要，又有化解落后产能的需要，“四新”在该市的具体体现是传统产业的接续升级和培育新的经济增长点。同时，我们还要聚焦大部分三、四线城市的通病——人才“赤字”和机制不够灵活的弊端。在机制不够灵活上，赵玲建议构建“2＋n＋11”协调机制，加强政府职能部门联动，避免各自为战；给四新企业建档立案，更好地发挥中小城市的灵活性；实施“产业基地＋技术创新联盟＋产业基金＋实训基地”的工作模式。这些建议依然是对政府提供好配套措施的要求，其中明确了现代金融要积极发挥作用。② 徐生霞、刘强则基于产业转型升级与政策干预的视角，运用反余弦函数的方法测度区域内产业转型升级效果，对比区域间发展不平衡的现状，构建跨区域经济协调发展的动态面板数据，探讨转型升级对区域经济协调发展的作用机理。研究认为，产业转型升级对区域协调发展有时滞效应，更明显的影响体现在

---

① 参见赵君丽、吴建环：《发达国家“四新”经济的发展及对上海的启示》，《上海经济研究》2015年第5期。

② 参见赵玲：《马鞍山市发展“四新”经济问题研究》，《安徽工业大学学报》（社会科学版）2015年第5期。

中介效应和第三产业的带动效果上。[①] 产业转型升级是以“四新”促“四化”的另一面，对现阶段山东新旧动能转换以及半岛城市群、省会城市圈发展具有现实意义。

第三节 以“四新”促“四化”在产业协调发展中的现状研究

经济发展新模式是由要素驱动、投资驱动向创新驱动转变，用增长促发展，用发展促增长。不断实现以“四新”促“四化”是产业升级的核心动力，是新旧动能转化的理论支撑。充分释放“四新”促“四化”在产业协调发展中的活力，有利于生态文明建设和乡村振兴。

国外对产业转型升级的研究比国内更早，建立了成熟的模型。阿拉什·阿扎代甘(Arash Azadegan)等认为，产业升级是生产活动循序渐进的复杂化过程，其目的是实现价值增值和在市场中的议价能力。他们运用组织学习的理论来解释企业内部创新及其对产业升级的影响，通过对353家制造商的调查结果作实证分析，证明了采用内部创新的企业在内部创新与创新所带来的价值之间存在间接关联，检验并证明了产业转型升级能提高企业价值的假设。企业在转型升级过程中进行探索性学习和整合创新，其中产生的学习能力会转移到其他业务中，从而使更广泛的实体受益。当前，我国的工业化总体上已基本完成，城市化发展依旧有着强大内生动力，国内建立了超大市场，中美竞争以高端制造业为主，中国经济站在新的历史起点上，着力研究产业转型升级在我国经济的高质量发展中的地位有重要意义。梁达认为，在中国整体经济转型升级的攻坚阶段，新产业、新业态可以成为经济增长的新动力。他从产业经济发展的角度，结合中国各产业增长指标，指出中国新兴产业正在逐步形成。“中国制造2025战略”顺应时代潮流，为高端装备制造业发展提供了优质资源和平台。通过新技术在经济、社会领域的持续、广泛应用，中国所面临的诸多问题正在被攻克，出现了慕课、移动

① 参见徐生霞、刘强：《跨区域城市群经济协调发展研究——基于产业转型升级与政策干预的视角》，《数理统计与管理》2021年第3期。

端电商、互联网金融、网约车、移动办公、智能家居、远程医疗诊断等一批新业态。“一手交钱,一手交货”的商业模式被打破,取而代之的是“增值服务赚利润＋免费服务赚客户”。新产业、新业态成为推动需求端改革的动力。随着中国人均GDP的不断增长,居民消费开始从排浪式、模仿式的消费进入个性化、定制化的消费阶段。当前居民消费受新业态引领,消费潜力得到很好的挖掘,跨界融合化不断涌现出新的消费热点,在经济增长的“三驾马车”中起到了更好的调节作用。“四新”在消费渠道拓展和消费升级上发挥了强有力的引领作用,进而促使供给端的改革。政府在成果转化前沿领域、资本人才密集领域应该加强投入、积极作为,要进一步坚持推进优化服务、放管结合、简政放权,在传统产业的改造升级中培育新兴业态。政府政策应配合得当,为新产业、新业态发展贡献沃土、添施好肥。

庞明川等基于省级面板数据对风险投资与产业升级的关系进行实证研究,即风险投资如何助力“四新”促“四化”。他们选取30个省份的面板数据作为样本,引入情境变量,并且选择社会信任指数和对外开放程度作为调节变量,提出3个相关研究假设进行实证分析,得到以下结论:风险投资有利于地区内的产业转型升级,对新产业、新业态有促进作用;对外开放程度对新产业、新业态的发展有正向调节作用;社会信任对新产业、新业态发展和风险投资也有正向调节作用,社会信任是对创新的保护,有利于扩大新兴产业规模。① 刘瑞等人研究国民经济循环时,借鉴马克思提出的生产、分配、交换和消费四个环节形成的良性经济循环和凯恩斯提出的四部门经济中政府的有力措施,厘清经济发展过程中社会进步、分配公平以及人与自然的关系,作为畅通国内国际双循环的理论参考。实现国内国际的双循环,其重中之重在于实现产业的转型升级,突破技术卡脖子的问题,是目前“四新”促“四化”的应有之义。他们认为,国际上继续利用好多方交流平台,建立可靠合作关系;国内加快城市服务体系转型升级和产业智慧化,提升传统产业质效和新兴产业规模。② 任保平等人则对新经济发展进行了综合评价,并在路径上进行选择,总结“四新”理念给中国经济带来的促进作用;运用反熵值法,

---

① 参见庞明川、张翀、焦伟伟:《风险投资、制度情境与产业结构转型省级——基于中国省级面板数据的实证研究》,《科技进步与对策》2021年第8期。

② 参见刘瑞、戴伟、李震:《降低流通成本　畅通国民经济循环》,《上海经济研究》2021年第2期。

确立信息化经济、创新化经济、绿色化经济、产业新模式化经济综合指标体系，评价“四新”经济发展现状，为进一步实现“四新”促“四化”提供路径选择依据。[①] 综合梳理“四新”之间的内在联系，可以发现新技术是新产业、新业态的基石，新模式是经济再发展的手段。研究发现，中国对科技创新的重视程度大幅提高，创新成果不断丰富，但是人力资本和基础科学依旧是短板，在国际竞争中这三者相辅相成。因此应继续加大科技人力资本投入和原始技术储备。目前我们虽已搭上数字化的列车，但是数字平台建设依旧不足，工业互联网是进一步转型升级的关键。

第四节　以“四新”促“四化”在乡村振兴中的现状研究

2020 年，困扰中华民族几千年的绝对贫困问题得到彻底解决，在人类历史上是举世瞩目的成就。在保持现有帮扶力度不减的情况下继续加大对农村地区的投入，这是国家对国民经济分配格局作出的调整。

农村发展有所突破要从模式上突破，改革开放之初的家庭联产承包责任制就是模式的突破。就目前的农村发展现状而言，依旧应该寻求新的发展方向。前期我国的研究多追寻欧美的大型农场模式，这种模式与几千年中国的小农经济明显不符。近年来不少学者开始总结与我国国情相适应的日本、韩国的东亚模式。日本形成以农协为依托，将实体经济与金融资本紧密结合，以金融收益弥补农业的发展方式。农业金融保险以普惠的形式为农民种植业承担风险，政府则给予农村金融资本运作的低利息。长期以来，中国农村缺乏资本输入，前期农业累积的资本也输入城市。农村的发展不仅需要要素的投入，也需要适宜中国国情和适应各地资源禀赋的新技术、新业态、新产业、新模式的输入。不少学者也从以“四新”促“四化”的理论出发，为乡村振兴提出新理论、新路径。乡村振兴与“四新”紧密相连。雷鹏、周立选择新技术之外的其他“三新”作为出发点，为乡村振兴寻找理论依据，并提出乡村振兴必须是在政府引导、市场主导、社会参与下提升产业链价

---

① 参见任保平、宋雪纯:《“十四五”时期我国新经济高质量发展新动能的培育》,《学术界》2020 年第 9 期。

值、延长产业链、完善利益链。通过研究福建安溪茶庄园的模式发现，传统种植业路径依赖性强，新消费理念下迎合消费者程度不高；而茶庄园和互联网、旅游、服务业跨界融合下的新业态，切实降低了信息不对称，增加了产业链各环节收益的能力。农业生产具有投入大、风险高的特点，社会资本投入和农民土地折股投入的新型合作方式可有效降低双方风险，同时，农民深度参与社会生产，可实现劳动力当地就业，为农民增收提供条件，解决诸多矛盾。山东省是农业大省和农业资源大省，乡村振兴过程中发挥“四新”经济引领作用的能力有待提高，应在不断完善第二产业的基础上下大力气支持农业发展，实现工业文明和生态农业文明的有机统一。

第三章　山东省"四新"经济发展分析

近年来，山东省认真贯彻落实五大发展理念，省委、省政府制定出台了一系列有关创新驱动发展、科技体制改革、"双创"、"互联网＋"、电子商务等的政策文件，大力推进"三去一降一补"供给侧结构性改革，着力推进云计算、物联网、大数据等信息技术与各行业各领域深度融合，"四新"经济发展取得了阶段性成果。

第一节　山东省"四新"经济发展现状

一、重点领域技术不断突破

物联网、云计算、大数据、新一代移动通信、集成电路设计、高端计算机等新一代信息技术领域的关键技术和产品实现重要突破；生物制造、生物医药、农业生物等特色技术全国领先。围绕传统产业升级需求，依托济南二机床集团有限公司、科瑞集团、开泰集团等骨干企业，精心设计技术攻关方向，重点解决制约行业发展的核心技术问题，为船舶制造、钢铁及有色金属、轮胎、食品、纺织、造纸等传统产业改造提升提供了重要支撑。

二、战略性新兴产业规模不断壮大

"十二五"末，全省战略性新兴产业增加值占 GDP 比重达到 10%以上。[①]其中，新一代信息技术和高端装备两个产业规模过万亿元，新材料、现代海

---

① 参见《山东省人民政府关于贯彻国发〔2011〕47 号文件 加快工业转型升级的意见》（鲁政发〔2012〕17 号），2012 年 4 月 16 日印发。

洋、生物(医药)三个产业过5000亿元,均居全国前三位。2016年,通信设备制造、计算机制造等高端制造产业增速超过9%,新能源汽车、工业机器人和服务器产量同比分别增长100%、49.1%和19.7%;战略性新兴服务业收入增速达到9.1%;互联网和相关服务业、软件和信息技术服务业收入增速分别达到17%和24.8%。[①]

三、农业“新六产”催生众多新业态

互联网、物联网、云计算、大数据与现代农业相结合。依托互联网的新型农业生产经营体系初步构建,促进了智能化农业、精准农业发展,催生了许多农村新产业、新业态。2016年,全省农产品电子商务交易额约600亿元,网络零售额约100亿元,建成淘宝村108个、淘宝镇12个,培育了“农商1号”“点豆”“杞农云商”等知名农产品电商平台,实现了工业品、消费品下乡和农产品进城双向流通。[②]

四、传统制造业向智能化迈进

2017年,山东省拥有规模以上智能制造装备企业超过2300家,实现主营业务收入超过8000亿元,仅次于江苏,居全国第二位;产业涵盖智能化生产装备、工业机器人、仪器仪表、工业应用电子和软件等诸多领域。其中机床产量居全国首位,输配电设备位居第二,仪器仪表和电机制造位列第三。山东省在汽车自动冲压生产线、车身焊接机器人、纺织印染等领域达到国际先进水平,在机器人关键技术、RV减速机、智能仪器仪表等方面取得突破,培育了济南二机床、迈赫机器人、青岛软控等竞争力较强的企业。[③]

五、服务业新业态新模式不断涌现

以实施“互联网+”三年行动计划为契机,加快推动互联网与制造业、农业、能源等领域跨界融合,催生了智能制造、个性化定制、众包设计、云制造

---

① 参见《山东省2016年国民经济和社会发展统计公报》,山东省统计局,http://www.tjcn.org/tjgb/15sd/34840.html,2017年3月6日。

② 参见杜文景:《山东将加快发展“新六产”》,《大众日报》2016年12月21日。

③ 参见《山东省规模以上工业技术改造五年投资6.1万亿元》,山东省工业和信息化厅网站,http://gxt.shandong.gov.cn/art/2017/6/7/art_15164_1049563.html。

等新业态，创新模式、创业模式、市场模式、服务模式等持续涌现。比如，泉林纸业注重提升工业设计水平，打造了从本色创意设计、草浆无漂白造纸、智能化制造到物流配送的一站式、个性化包装新业态，实现了由单纯造纸、卖纸的传统模式向“绿色包装整体解决方案”提供商的转型。青岛海尔集团实施“企业平台化、用户个性化、员工创客化”战略，鼓励人人当创客，打造了一批“创客社区”，颠覆了原有的创新模式。同时，围绕“云制造二维坐标”营造新模式，即在纵坐标上创造用户最佳体验，包括用户大规模增值、用户圈场景和共创共赢；横坐标上创造企业价值，包括应用模块化、自动化、网络化、智能化，加速了集团平台化转型。①

第二节　山东省“四新”经济发展存在的问题

尽管山东省“四新”经济发展势头较好，但是与上海、广东、江苏、浙江等先进省市相比，还有一些差距和不足，具体表现在以下方面。

一、有影响的产业和园区相对不多

主导产业特色优势不突出，缺少如湖北集成电路、安徽新型显示、湖南轨道交通装备、深圳机器人等行业影响力大、竞争力强的标志性产业。从企业层面看，除青岛海尔“海创汇”、红领定制等个别品牌外，尚未涌现出像腾讯、滴滴等行业领先的“独角兽”企业。从集聚程度看，尽管涌现出济南药谷、淄博新型功能陶瓷、烟台海洋装备、威海医疗器械等“四新”经济集群，但存在过度注重空间集中、忽视上下游产业技术关联的现象，尚未完全形成共生共融、共享共赢的协同发展局面，总体处于价值链中低端。

二、新业态、新模式产生速度相对不快

长期以来，山东省的传统产业、重工业占比较高，更加需要发展“四新”经济，为社会注入新活力，造就新动能。但是山东省近几年本地催生出的新业态、新模式反而偏少，没有能够在分享经济、创意经济、互联网金融等热点

① 参见王欣芳：《“创新驱动”打造山东经济新格局》，《齐鲁周刊》2016 年 10 月 24 日。

领域诞生像共享单车、共享充电宝、支付宝等具有超前引领作用的新业态、新模式。另外,制造业与互联网融合程度不高,产品数字化、生产智能化水平偏低;生产性服务业与传统产业结合不紧,多数企业仍停留在产品宣传、营销阶段,对于上游的设计、下游的品牌建设以及个性化服务环节与国内外先进企业相比存在较大差距。

三、研发创新力度不强

企业依靠创新驱动、内生增长的发展机制尚未形成主导力量。一是研发创新投入不足。从全社会研发投入看,2015 年山东省研发经费支出 1427.2 亿元[①],总量居全国第 3 位,但占 GDP 比重仅为 2.27%,排在全国第 7 位,低于北京(6.01%)、上海(3.73%)、天津(3.08%)、江苏(2.57%)、广东(2.47%)、浙江(2.36%)等先进省市水平。从企业研发活动来看,2016 年山东省规模以上工业企业中有研发活动的企业数量只有 5766 家,分别是江苏、广东的 35.2%和 71.1%;规模以上工业设立研发机构的企业仅占 7.0%,相当于全国平均水平的一半,远低于江苏(38.9%)、浙江(22.0%)和广东(11.9%);新产品开发经费支出 1122.1 亿元,仅为广东的 61.3%、江苏的 65.6%。二是企业创新产出不足。山东省规模以上工业企业户均拥有有效发明专利 0.81 件,不到江苏的 1/2、广东的 1/5。全省排名第一的海尔集团公司拥有有效发明专利 1777 件,不足全国排名第一的华为技术有限公司(22957 件)的 1/10。2016 年,山东省高新技术产业产值占规模以上工业总产值的比重为 33.75%,而江苏和广东已经超过 40%。三是成果转化保障不足,现有专利代理机构 62 家,远低于北京的 459 家、上海的 121 家、广东的 231 家、江苏的 108 家;执业代理人 536 人,远低于北京的 6721 人、上海的 1141 人、广东的 1853 人、江苏的 1052 人。与研发创新相关的生产性服务业发展滞后,技术孵化和技术转移体系不完善,都使得创新成果的市场化程度和转化率偏低。2015 年,山东省技术创新成果转化率仅有 20%左右,新产品产值仅占工业总产值的 10.1%,较江苏、广东分别低 6.4 和 8.3 个百分点。四是科研力量不强。在高校院所方面,山东省普通高等院校、中等职业教育

① 参见《2015 年全国科技经费投入统计公报》,国家统计局,http://www.stats.gov.cn/tjsj/tjgb/rdpcgb/qgkjjftrtjgb/201809/t20180929_1625915.html,2016 年 11 月 11 日。

学校和技工学校数量分别仅占全国的5.6%、3.8%和7.6%。“国字号”高校院所相对较少；部属高校全国有75所，山东仅有2.5所。在科研机构方面，除海洋领域外，承载高层次创新人才团队的高端创新载体极其匮乏，基础研究相对薄弱。中科院全国共计12个分院、114个研究单位，山东省仅有3个研究单位；国家在高校院所布局了255家重点实验室，山东仅有3家，远不如北京(79家)、上海(32家)、江苏(20家)、湖北(18家)等。在科研人才方面，山东“两院”院士仅有41名，不及江苏、广东的一半和上海的1/4；千人计划174人，占全国的2.87%，排全国第8，约为江苏的1/4和浙江的1/3；国家杰出青年75人，占全国的2.08%，排全国第12位，约为江苏的1/4；高层次专家人才仅占科技活动人员总数的6.9%，低于上海(7.4%)和广东(7.3%)。① 研发人才的总量供给压力和结构性矛盾并存，技能人才数量达到1020.7万人，其中高技能人才268.8万人，仅占26.3%；规模以上工业企业研究人员数量为8.82万人，仅为江苏的65%；各类研究机构从事研究开发的博士人员数量2232人，仅为江苏的60%。

四、高层次智力支撑相对不强

在人才方面，据2015年统计数据，山东省拥有研发人员数量、研发人员全时当量分别达到44.77万人、29.78万人年，仅占江苏、广东的3/5。在成果转化方面，缺乏战略研究、预警、评估、转让、质押、保险、运营等高端服务机构和人才。现有专利代理机构62家，远低于北京的459家、上海的121家、广东的231家、江苏的108家；现有执业代理人536人，远低于北京的6721人、上海的1141人、广东的1853人、江苏的1052人。② 之所以出现以上问题，很大程度上与思想解放不够、扶持政策不强、体制机制不活等因素有关。

---

① 参见《2015年全国科技经费投入统计公报》，国家统计局，http://www.stats.gov.cn/tjsj/tjgb/rdpcgb/qgkjjftrtjgb/201809/t20180929_1625915.html，2016年11月11日；《山东省2015年国民经济和社会发展统计公报》，山东省统计局，2016年4月7日；山东省发展改革委：《我省企业创新能力情况综合分析报告》(内部资料)，2017年3月。

② 参见济南市统计局、济南市科学技术局编：《济南市R&D资源清查资料汇编》，中国统计出版社2003年版。

五、传统产业改造提升任务艰巨

传统产业是山东省经济发展的固有优势，推动新旧动能转换要求迫切。山东省传统产业占工业比重约为70%，重化工业占传统产业比重约为70%，质量效益不够高，创新能力还不强，传统产业改造提升的难度还不小。一是产业结构性矛盾突出。2016年全省第三产业占比47.3%，首次超越第二产业，但仍低于全国平均水平4.3个百分点。在工业结构中，钢铁、煤炭、水泥、化工、造纸等高能耗污染的重化工业占传统产业比重约70%。化工、农副食品加工业长期占据全省工业前两位，装备制造业比重仅为29.4%；计算机、通信和其他电子设备制造业比重只有3.9%，而该行业在江苏、广东的比重分别达到11.2%和23.8%。在服务业结构中，现代服务业占服务业的比重为47.5%，比江苏低12.9个百分点。[①] 2009～2015年山东现代服务业占比提高3.9个百分点，江苏则提高了9.8个百分点。二是产业链条延伸不够。产业链条偏短，多数产业处于价值链中低端，基础产品、高耗能产品和普通装备产品产量全国占比较高，高端产品比重明显偏低。[②] 比如，轿车产量仅占全国的2.0%，空调产量占全国的4.4%，电子计算机整机产量占全国的0.3%，手机产量占全国的3.7%；机器人、芯片、压缩机等高端产品的规模更小。从出口产品来看，2016年机电产品出口占全省货物出口额的38.1%，比江苏、广东分别低27.0、29.8个百分点，比全国平均水平低19.6个百分点。三是质量效益欠佳。对照广东、江苏等沿海先进省市工业转型的状况，山东省传统产业的发展质量和效益依然相对较差。2013～2016年，规模以上制造业利润率分别为6.25%、5.93%、5.89%和5.92%，而广东分别为5.72%、5.72%、6.19%和6.05%，江苏分别为6.16%、6.26%、6.44%和6.59%。2016年全省规模以上工业收入利润率为5.8%，比2012年回落

① 参见刘佳:《“四新”促“四化”助力新旧动能转换》,《理论学习》2017年第8期。

② 参见张文:《供给侧结构性改革导向下我国新旧动能转换的路径选择》,《东岳论丛》2017年第12期。

0.6个百分点，江苏、广东则分别提高0.8和1.3个百分点。[①]

山东省七大传统行业在全国位次情况如表3-1所示。

表3-1　　七大传统行业在全国的位次

	子行业	居全国位次	占全国比重
轻工	造纸	1	17.0%
	食品	1	15.8%
	家具	2	13.0%
	家电	4	18.1%
纺织服装	纱线	1	36.2%
	产业用纺织品	1	17.0%
	坯布	2	18.6%
	服装	5	11.0%
机械	农机	1	22.1%
	机械基础件	1	27.0%
	食品及包装机械	1	12.5%
	铸造	1	11.0%
	汽车	2	8.4%
	机床工具	2	18.8%
	工程机械	2	19.2%
	内燃机	2	33.3%
化工	地方炼油	1	17.0%
	轮胎	1	55.0%
冶金	钢铁	3	8.8%
	有色金属	1	18.2%

① 参见《山东省2016年国民经济和社会发展统计公报》，山东省统计局，2017年3月6日；《江苏省2016年国民经济和社会发展统计公报》，江苏省统计局，2017年3月6日；《2016年广东国民经济和社会发展统计公报》，广东省统计局，2017年2月28日。文中数据由相关省份各年统计公报数据计算得出。

续表

	子行业	居全国位次	占全国比重
建材	水泥	2	8.5%
	建筑陶瓷	5	14.3%
	平板玻璃	4	16.4%
医药	化学原料药	1	20.0%
	化学制剂	2	11.5%
	中药	2	7.6%
	医疗仪器	2	13.9%

六、新经济规模偏小

2015 年，上海市、浙江省新经济增加值占地区 GDP 比重分别达到 30.8%、21.7%，比山东省高 14.6 个和 5.5 个百分点，对经济增长贡献率分别达到 40.5%、36.9%，比山东省高 20.5 个和 16.9 个百分点。[①] 在与新经济相关的产业里，山东省“领头羊”“独角兽”式的企业比较欠缺。2016 年度“中国大数据企业 50 强”榜单中，山东省仅浪潮集团上榜；在中国互联网协会、工业和信息化部信息中心联合发布的 2016 年“中国互联网企业 100 强”排行榜中，山东省首次有企业（山东开创集团股份有限公司）上榜，列第 58 位；在电子商务、工业互联网、互联网金融、人工智能、车联网、健康医疗等信息技术应用领域，山东省的企业大都处于起步阶段。

七、产业融合度不够

与先进省市相比，山东省的产业融合进度相对缓慢。一是农业“新六产”发展不够。融合发展项目数量偏少、规模偏小，特别是与二、三产业的融合还不够。2016 年，山东农副食品加工业与农业生产规模比值为 0.4∶1，农业服务业增加值占服务业比重为 0.8%。二是制造业与互联网融合不够。目前，处于“两化”（信息化和工业化）融合集成提升阶段的企业占 30.0%，处

① 参见刘佳：《“四新”促“四化”助力新旧动能转换》，《理论学习》2017 年第 8 期。

于创新突破阶段的占 10.4%，还有 46.2%的企业尚处于单项覆盖阶段。三是服务业融合先进制造业不够。2015 年，山东知识密集型服务业增加值占第三产业的比重为 22.8%，比江苏、浙江、广东分别低 9.5、6.8、9.0 个百分点；其中，信息传输、软件和信息技术服务业分别低 1.8、4.2、2.5 个百分点；租赁和商务服务业分别低 3.2、0.2、1.8 个百分点。四是旅游业与上下游产业融合发展不够。全域旅游潜力未能有效释放，旅游与农业、工业、商业产业内相关领域融合不够，对文化资源、娱乐元素的挖掘不深。2015 年，山东文化产业中的旅游业增加值占比仅为 16.9%，体育产业中的旅游业增加值占比仅为 13.1%。五是产城融合不够。2016 年，山东城镇化率达到 59.0%，比 2009 年提高 10.7 个百分点，但同期农业增加值在地区生产总值中的比重仅降低 1.8 个百分点，生活性服务业比重仅提高 0.5 个百分点，工业传统行业比重几乎没有降低，城市化进程与产业升级趋势明显背离。

八、新旧动能转换缺乏统筹协调

一是城乡区域统筹不够。城乡二元结构尚未被根本打破，地区差距仍然不小。2016 年山东省各地级市中，青岛（10100 亿元）和烟台（7003 亿元）的生产总值之和比德州（2990 亿元）、聊城（2906 亿元）、滨州（2587 亿元）、菏泽（2550 亿元）、枣庄（2357 亿元）五市之和还要多 3700 多亿元。[①] 除东营、济宁、莱芜（现已并入济南市）、滨州四市的主导产业较为鲜明以外，其他各市之间产业结构趋同现象突出，同质竞争加剧。2012 年，农副食品加工、纺织、家电等三个行业销售利润率分别为 5.3%、6.1%和 5.2%，比全国分别高 0.1、0.8 和 1.2 个百分点。到 2016 年，农副食品加工行业销售利润率与全国基本持平，家电行业仅比全国高 0.5 个百分点，纺织业低于全国 0.4 个百分点。[②] 二是区域平台统筹不够。主体功能区规划落实方面仍有不少问题，各类开发区、园区在动能转换过程中的引领示范作用不突出，一些地区存在过度开发现象。投资效率连年下滑。增加值每增加 1 元，“十一五”时期需投资 3.9 元，到“十二五”时期则需投资 7.8 元，2016 年需投资 13.08 元，而全

---

① 参见《2016 年山东各市 GDP 排名》，产业信息网，https://www.chyxx.com/industry/201708/554724.html，2017 年 8 月 28 日。

② 通过整理国家统计局、中国产业信息网信息所得。

国平均只需投资 8.85 元，江苏、广东只需投资 8.26 元和 4.92 元。三是陆海统筹不够。海洋经济发展布局不合理，传统海洋行业多，高技术海洋行业少；虽拥有全国一半以上海洋科研机构，但科技成果转化率不高。基础设施建设整体规划水平不高，港口存在低水平重复建设问题，围填海造成滨海湿地面积大大缩减。内陆基础设施与沿海港口的互联互通、有机衔接方面仍缺乏整体规划和合理布局，存在不少薄弱环节。

九、资源环境压力加剧

山东主要污染排放总量、能耗总量均位居全国前列。2016 年，二氧化硫、氮氧化物、化学需氧量排放总量居全国第 1 位，氨氮排放量居全国第 2 位。[①] 山东省是全国能耗第一大省，能源消耗总量占全国的比例高达 8%，其中工业生产用能占全社会能耗比重超过 70%。煤炭消费量占全国的 12%；非化石能源消费占全省总能耗的 3%，约为全国非化石总能耗的 25%。能源结构落后，煤电在电力装机中比重高达 85%，高出全国平均水平近 20 个百分点；核电、天然气等清洁能源发电领域基本处于空白，新能源发电装机仅占 14.4%，比重低于全国 20 个百分点。相比之下，广东省的核电、天然气发电装机分别达到 830 万和 1550 万千瓦，江苏省也分别达到 200 万和 950 万千瓦。

十、市场主体活力不足

山东省的“大象经济”固然体现出大型企业在推动产业集聚和规模化经营方面的优势，但也存在国有经济比重过高、布局分散，民营经济规模偏小、活力不强的问题。从国有企业的发展状况来看，经营性国有资产尚未实现集中统一监管，还存在多头管理、职责不清的问题。国有企业往往存在典型的委托—代理问题，政企关系相对复杂，政府管得过多过细和监管不到位问题同时存在。一些具有垄断性市场地位的国有企业一定程度上保留着计划经济时期的行政色彩，国资监管机构、董事会和经营管理层之间关系未能理顺，现代企业的管理体制机制未能形成。国有企业布局总体偏“重”，大多属于传统重工业行业，企业扭亏增盈、化解过剩产能任务繁重，甚至有成为“僵

① 刘家义：《在山东省全面展开新旧动能转换重大工程动员大会上的讲话》，《领导决策信息》2019 年第 5 期。

尸”企业的风险。从民营经济的发展状况来看,民营企业在许多领域仍面临准入门槛过高、融资难、退出难等困境,非公有制资本在投资准入、竞争规则、产权保障等方面仍处于弱势地位。目前,全国民营企业500强中,浙江、江苏分别达到134家和94家,山东只有45家。山东省资本等要素市场发育不够充分。2016年,金融业增加值占GDP比重为5.1%,分别低于广东、浙江3.1个和1.5个百分点;A股上市公司172家,比广东少301家,比江苏少145家。产业开放程度偏低,2016年经济外向度只有23.1%,分别比广东、江苏、浙江低56.3、21.1和24.7个百分点。

总之,山东经济发展面临多方面的问题,原有的粗放型发展模式已难以为继,资源环境承载力接近饱和;传统产业优势正在减弱,而发展新动能、加快新旧动能转换需要一定过程;科研成果转化和激励机制不完善,人才特别是高端人才不能满足转换需要,创新驱动的引擎作用尚未得到充分发挥;重点领域改革攻坚难度加大,对外开放广度和深度有待进一步拓展;人口老龄化趋势明显,劳动适龄人口数量下降,潜在的产出能力逐步降低;基本公共服务还不够均衡。[①] 因此,推动山东新旧动能转换,以“四新”促“四化”,当前已经成为一项艰巨而急迫的任务,必须用改革、动态、统筹的方法,加快推动新动能的培育发展和旧动能的优化升级。要准确把握新旧动能转换内涵的深刻变化,更加有效地应对各种风险和挑战,不断开拓发展的新境界,学习发达国家和国内发达省份在发展“四新”和实现“四化”方面的经验,加快实现“由大到强”的战略性转变和新旧动能转换,着力推动综合实力和竞争力再上新台阶。

第三节　山东省发展“四新”经济的优势

党的十八大以来,在以习近平同志为核心的党中央的正确领导下,山东省委、省政府坚决贯彻新发展理念,经济发展更加注重提高质量效益和转型升级,传统动能加快改造提升,新技术、新产业、新业态、新模式快速成长,新旧动能接续转换的态势已初步形成,具备了实现“由大到强”战略性转变的

① 参见《中共山东省委关于制定山东省国民经济和社会发展第十三个五年规划的建议》,中国共产党山东省第十届委员会第十三次全体会议通过,2015年11月26日。

有利条件，建设山东新旧动能转换综合试验区已拥有良好的基础和优势。山东省既是人口大省，也是经济大省、工业大省。经过多年的发展，山东经济基础雄厚，资源禀赋充足，经济体量庞大，农业基础稳固，工业体系完备，服务业对经济增长的贡献率显著提升，要素支撑保障条件较好，国内生产总值稳居全国前三，在整个国民经济尤其是重工业领域一直发挥着“发动机”和“火车头”的作用。山东省新旧动能转换具有较大的空间、潜力和回旋余地，有基础、有能力为全国的新旧动能转换创造和积累经验。

一、经济结构持续优化

近年来，山东全面推进49个农业产业和产品、22个制造业行业和“17＋6”个服务业行业转型升级，经济结构不断改善。从供给侧看，2016年三次产业结构为7.3∶45.4∶47.3，实现了由“二三一”向“三二一”的历史性转变。第三产业成长为经济增长的第一动力，2016年对经济增长的贡献率为55.7％，高于第二产业15.4个百分点。从产业内部看，全省装备制造业增加值、高新技术产业产值分别占规模以上工业的29.4％和33.8％，信息传输、商务服务等其他营利性服务业增加值占第三产业比重为14.3％，均达到历史最高水平。从需求侧看，消费需求对经济增长的贡献率明显提高，2016年贡献率为45％左右，比上年提高7个百分点。

二、传统产业转型升级加快

近年来，传统产业转型升级不断加快，成为全省经济发展动能的重要支撑。

一是传统产业改造步伐加快。2016年，全省规模以上工业完成技术改造投资1.52万亿元，总量居全国首位；装备工业增加值占规模以上工业的29.4％，达到历史最高水平；高新技术产业产值占规模以上工业的33.8％，近两年提高1.2个百分点。技术密集型、高附加值产品不断增多，如轮胎子午化率达到91％，提高了6个百分点；平板玻璃深加工率达到45％，提高了5个百分点；医疗器械产业占医药行业比重达到7.6％，提高了2.6个百分点。[①]

---

① 参见崔德政：《M省W市传统产业转型升级政府职能研究》，山东科技大学公共管理专业硕士学位论文，2018年，第23页。

二是传统产业不断转型，衍生出新产业新模式。新能源汽车及小型电动汽车近年来产量年均增长50%左右，轨道交通装备主营业务收入居全国首位，海工装备、高档仪器设备等行业收入居全国第2位。现代医药、新材料、高端装备、新一代信息技术等四大新兴产业产值占规模以上工业的22.8%，近两年提高了2.2个百分点。传统产业转型升级催生了一大批新型产业集群。截至2016年年底，全省年营业收入过10亿元的产业集群发展到440个，过100亿元的集群达到230个，过千亿元的集群达到10个。其中，电子信息、生物医药、新能源、新材料、高端装备制造等产业在省级产业集群中的比重达到25%以上。

三是传统产业与智能技术、信息技术的融合不断深化。在工业领域，全省规模以上企业数字化研发设计工具普及率、关键工序数控化率分别达到74.1%和42.1%；个性化定制模式更加普遍，涌现出海尔、红领、迪尚等一批示范企业；智能制造迅速发展，潍柴集团等14个企业获得国家智能制造专项支持，九阳股份等15个企业的智能制造项目被列入国家试点。在农业领域，山东省大力推动与阿里巴巴、京东、苏宁等互联网平台企业的战略合作，依托互联网构建新型农业经营流通体系。2016年，全省农产品电子商务交易额达到600亿元，网络零售额约100亿元，电子商务交易额200万元以上的村达到600多个。

四是传统产业中落后、过剩的产能逐步退出，产能利用率显著提高。钢铁、煤炭、水泥、炼油、电解铝等重工业是部分地区的支柱性产业，也是去产能的主要行业。2016年，全省退出煤炭产能1960万吨，关闭煤矿66处①；化解生铁、粗钢过剩产能各270万吨。通过错峰生产、产能互换、淘汰落后产能等措施，山东工业产能利用率达到78%，其中电解铝、煤炭、轮胎、钢铁、水泥等重点行业产能利用率分别达到82%、81%、81%、75%、78.2%，较上年同期有较大增幅。在维系地方经济平稳运行、社会和谐稳定的前提下，积极稳妥地推进落后、过剩产能退出市场，为先进产能腾出空间。

---

① 参见《山东今年已关退煤矿66处，退出产能规模1960万吨》，http://f.sdnews.com.cn/sdcj/201612/t20161212_2174170.htm，2016年12月12日。

三、新经济快速成长

2016年,以新技术、新产业、新业态、新模式为特征的新经济增加值为11162亿元,占GDP比重为16.7%,按现价计算,比2015年增长9.2%,比全省同期的GDP增长速度高2.8个百分点,对GDP增长的贡献率达到23.9%。比如,高端装备制造业快速崛起,智能制造装备、海工装备、高档仪器设备等行业产值分别居全国第2位,轨道交通主营业务收入居全国第1位。现代物流业发展迅猛。2016年工业品物流总额达到15.4亿元,占全省物流总额的77%。电子商务产业增势强劲,2016年全省电子商务交易额达到2.65万亿元,同比增长31.1%。[①] “好品山东”网络营销管理服务平台上线企业有5万多家,带动企业网上交易额700多亿元。

四、创新能力不断增强

“十二五”以来,山东省以建设创新省份为统领,全面深化科技体制改革,大力实施创新驱动战略,区域创新综合能力连续6年保持在全国第6位,科技支撑引领发展的能力显著增强。创新投入持续增加,全社会研发经费占GDP比重从2010年的1.72%提高到了2016年的2.33%。创新产出成效显著,一大批重大关键技术取得突破,获得国家科学技术奖励214项,发明专利授权量和每万人发明专利拥有量分别提高了4.7倍和5.3倍,分别达到19404件和6.33件;农业、海洋科技继续保持领先优势。科技成果转化进一步加速,2016年登记技术合同2.23万项,成交额420.24亿元,是2010年的4倍。重大创新平台建设成绩斐然,建设了全国第一家国家实验室和第一家国家技术创新中心,企业国家重点实验室和国家工程技术研究中心分别达到17家和36家,分列全国第1位和第2位;国家企业技术中心179家,科技支撑产业转型升级作用明显。全省高新技术企业达到4692家,规模以上高新技术产业产值占规模以上工业总产值比重达33.75%,比“十一五”末提高7.64个百分点,产值过千亿的创新型产业集群达到8个。新培育的国家技术创新示范企业有7家,总数达39家,认定高新技术企业1718家,总数达

---

① 数据来源于2017年3月17日山东省政府新闻办新闻发布会内容。

4692家。功能平台布局更加完善。山东半岛国家自主创新示范区、黄河三角洲农业高新技术产业示范区(简称“农高区”)获批建设,国家级高新区数量达到13个,省级农业科技园、省级农高区、国家农业科技园、国家农高区四级联动、梯次发展的农业科技园区体系初步形成,成为“四新”经济培育的重要载体。实施重大科技创新工程,突破了一批关键技术,取得了高端容错计算机系统、深水半潜式钻井平台、CRH380A型高速动车等一大批重大科技成果,有力支撑了相关领域及产业的跨越式发展。

五、新旧动能转换的体制机制不断完善

改革红利持续释放,山东供给侧结构性改革取得了阶段性成果,“放管服”、金融、国企、信用体系等领域改革走在全国前列,大力推进“大众创业、万众创新”,市场主体呈“井喷式”增长。2016年全省新登记各类企业51.3万户,同比增长26.8%,比全国平均水平高2.3个百分点;注册资本(金)2.6万亿元,同比增长75.6%。新登记企业占新登记市场主体总量的35.8%,创历史最高水平,比2015年提高9.5个百分点。截至2016年年底,实有市场主体达到710万户,增长14.8%。① 2015~2016年,全省完成规模以上企业规范化公司制改革8017家。全省共有49家企业入围“2016中国企业500强”,76家企业入围“2016中国制造业企业500强”。

深化供给侧结构性改革,山东省“三去一降一补”取得积极进展。深化国有企业改革,基本确立“管资本”为主的监管模式,划转国有资本充实社保基金、组建改建国有资本投资运营公司、推进高管人员契约化管理等改革举措走在了全国前列。不断放宽民营企业准入领域,努力构建“亲”“清”新型政商关系,民营企业整体实力明显提升。到2016年年底,全省实有民营经济市场主体和注册资本(金)占各类市场主体总量的97.8%和70.3%,民营经济增加值占GDP的比重达到51.1%,吸纳就业人数约占全省就业人员总数的35.2%,先后涌现出一大批优秀的企业家。深化财税金融体制改革,地方金融持续壮大,现代财政制度逐步完善。要素市场交易种类不断增多,逐渐形成了较为健全的要素市场体系。深入推进“放管服”改革。2013年以来,

① 数据来源于2017年2月23日山东省政府新闻办新闻发布会内容。

分 11 批累计削减省级行政审批事项 601 项，省、市、县权力事项分别压减了 44.7%、41.6%和 24.2%，省级行政事业性收费项目减少 54.2%。[①] 加强事中事后监管，实行清单模式，推行了“双随机、一公开”监管制度。

山东省作为沿海经济大省，近年来着力构建新体制、发展新模式、形成新格局、塑造新优势，开放型经济呈现积极变化。外贸新兴业态持续发力。2016 年，全省进出口列全国第 6 位，进出口增幅在全国位于前 10 位。新业态新模式加快发展，出口市场结构优化，国际竞争新优势加快形成。外资引领性大项目增多。截至 2016 年年底，全省累计引进了 206 家世界 500 强企业 685 个项目。2016 年，对外实际投资 862 亿元，对外承包工程营业额 726 亿元，派出各类劳务人员 6.9 万人，主要指标保持全国前列。内外联动助推实体经济转型发展，加快推动开发区转型升级、创新发展。全省拥有省级以上经济开发区 160 个，其中国家级经济技术开发区 15 个，海关特殊监管区 9 个，数量居全国前列，园区平台载体作用不断提升。

六、新旧动能转换的支撑条件完备

山东省交通运输四通八达，铁路、公路、港口、机场布局合理，现代化综合运输体系基本形成。特别是“十二五”以来，山东省铁路、公路、港口、机场等交通基础设施快速发展，城市轨道交通实现从无到有，多种交通方式齐全，“三纵三横”综合交通主骨架已经初步形成，并与国家规划的“十纵十横”大通道衔接贯通。截至 2016 年年底，全省综合交通网络规模达到 28.3 万千米。现代能源体系支撑保障能力较强，已成为全国重要的能源生产和消费大省，逐步构建了煤炭、电力、石油、天然气以及新能源和可再生能源全面发展的能源供应体系。原煤、原油产量，电力装机，发电量分别位居第 6、第 5、第 2 和第 1 位。农田水利、信息通信等设施条件全国领先。大力实施“人才强省”战略，各类人才逐步聚集。截至 2016 年，已遴选“泰山学者”957 人、泰山产业领军人才 354 人。启动实施了“齐鲁首席技师”“齐鲁乡村之星”和“齐鲁和谐使者”三项重点人才工程，努力为基层和一线优秀人才脱颖而出搭建平台，加快高技能人才、农村实用人才和社会工作专业人才队伍建设。同

① 参见刘维寅:《向纵深推进放管服改革》,《机构与行政》2017 年第 10 期。

时，积极推动山东农业大学、山东理工大学、青岛科技大学开展科技成果转化政策落实试点，积累经验并逐步在全省推开，最大限度地激发人才活力，助推新旧动能接续转换。

总的来看，山东省委、省政府将新旧动能转换作为全省经济社会发展的突破口。各地各部门思想统一、认识到位，真正实现了由“要我转”到“我要转”的转变。广大干部群众谋发展、促转换的积极性高、主动性强，凝聚了建设综合试验区的强大正能量。作为我国东部沿海人口大省和经济文化大省，山东省经济总量大，要素资源丰富，支撑能力强，为新旧动能转换提供了坚实的基础。

第四章　国内外经验与启示

第一节　发达国家发展“四新”经济的经验与启示

从世界范围看，发达国家有若干发展“四新”经济的经验与启示，值得我们认真总结、辩证学习。

一、经验

一是通过科技创新，为企业带来新的市场需求与发展空间。发达国家正从信息技术、生物技术、能源技术等方面进行技术革命和创新，推出一系列新产品，从而引致市场需要，开创一个全球化的市场空间。比如美国东北大学里维斯教授(Kim Lewis)及其研究团队发现细菌对原有抗生素如青霉素、头孢产生抗药性，由此研究出了一种新的抗生素泰斯巴汀(Teixobactin)。此类型的抗生素能够有效杀死各类型的致病有害细菌及其他有害微生物，并且这些致病细菌几乎无耐受性。这一成果也为抗生素生物制剂医药产品行业发展了新的市场需求，开拓了新的市场。[①] 再比如，由于新型水平井压力钻井法和水力压裂技术等多种核心钻井工艺技术的突破，美国原油产量得到了很大幅度的提高。2011 年，美国自 1949 年以来首次成为精炼油和化工行业石油金属产品的最大净出口国。由于此次技术的

① 参见《一种新型抗生素 Teixobactin 的全合成》，健客网，https://www.jianke.com/xwpd/5197348.html，2018 年 4 月 15 日。

突破,2020 年美国发展成为全球最大的原油生产国。[①] 日本松下公司则在利用太阳光、二氧化碳和水合成甲烷及乙醇等能源燃料的新一代"人工光合成"技术方面,开发了一种具有目前全球最高合成效率的电子材料,利用该电子材料将甲烷等可再生能源的产量提高至此前的 5 倍,为该新电子材料赢得了巨大的市场。

二是通过新技术来降低成本、转变生产方式,促使传统制造业的升级。目前,传统制造模式不断受到以 3D 打印、新一代机器人、大数据、信息化等为主要代表的先进制造技术与工艺的强烈冲击。各种先进制造技术与工艺有效解决了我国传统制造业"不能做、很难做、耗时长、成本高"等问题。如 3D 打印制造技术,可以帮助制造和生产以智能手机和模具设备为主要代表的小型设备,以汽车、轮船等为主要代表的大型机器设备,甚至发展到制造耳朵、心脏等人体重要器官。同时,这种技术也促使各种打印模式由单一打印发展延伸到多种打印工艺的完美结合,打印所用材料由耐热塑性、树脂材料拓展延伸到磁性金属和特定的复合材料。与一般传统加工制造的产品大约需要 90 天的生产周期相比,3D 加工制造的产品生产大约只需要 2 周,生产时间大大缩短。2012 年 3 月,德国大众汽车集团有限公司充分使用了汽车信息化和汽车数字化的先进技术,深入实施引擎发动机模块战略,使得小型乘用车和大中型乘用车的主要产品价格和制造成本下降了 20%左右,组装整车时间也缩短了 30%左右,有效增强了汽车企业的核心竞争力。

三是通过新一代科学技术和体系优化制度的有机整合,为新兴产业发展的新模式、新行业提供空间。发达国家将新一代工业科学技术、科学标准、配套设施的建立与制度优化有机地结合在一起,催生了新模式、新业态。例如国际碳排放权交易机制催生了一个价值 1400 亿欧元的全球性碳排放权交易市场,推动了碳贸易、碳金融、碳审计、碳服务中介等多种新型模式、新经营业态的快速扩张。[②] 德国几个大的工程学会和行业协会组织共同合作建立了德国"工业 4.0"的研究平台,共同制定了一套关于德国"工业 4.0"的

---

① 参见《国际能源署:2020 年美国将成世界第一大石油生产国》,WIKI 咨询网,https://wiki.antpedia.com/article-259631-210,2012 年 11 月 13 日。

② 参见《2012 年全球碳排放交易额将达 1400 亿欧元》,人民网,http://finance.people.com.cn/n/2012/0914/c70846-19012531.html,2012 年 9 月 14 日。

技术标准规范和行业标准。美国也由五家目前全球技术领先的科技公司共同出资组建了一个具有工业性的移动互联网产业联盟，这五家公司分别是思科(Cisco)、英特尔(Intel)、通用电气(GE)、IBM 和美国电话电报公司(AT & T)，中国华为也正式加入了这五个公司领导的产业联盟。法国政府制定了一系列发展电动汽车的政策措施。例如个人购买一辆电动车最高可以获取 7000 欧元补贴。巴黎推出了电动汽车租赁等公共服务项目，并鼓励市民绿色出行。日本政府积极鼓励新型清洁、高效、节能的生物燃料的开发，例如研制和利用微藻类作为生物燃料，并在日本公交车上投入使用。

四是主动顺应新一轮技术革命的需要，凸显了跨境竞合模式。发达国家的跨境投资公司主动顺应新一轮科技革命的发展趋势，向不同产业领域渗透，进行跨境竞争和合作，寻找新的利润增长点。在美国，微软公司充分运用大数据技术平台，加强与能源公司的合作，扩大了其计算机软件在清洁能源领域实际应用的范围和比较优势。在法国，施耐德公司在历经多次变革之后，顺应时代潮流，由原来的电力、水泵以及电机设备生产企业成功地转变为全球能效管理专家。在日本，许多 B2C(商家到个人)领域的企业正在逐步向 B2B(商家到商家)领域拓展并且进行转型。例如，松下电器从传统家电制造拓宽到了汽车电子、房屋能源、商业解决方案规划等各个领域。索尼公司虽然盈利有所减少，但是在参股奥林巴斯后，双方共同开始研发生产医学内窥镜，已经在该技术领域占有了全球 80%～90%的市场份额。日立公司则利用太阳能核电技术向医学和卫生领域深入渗透，其太阳能阴极保护技术可以更加精确地检测和控制太阳能的距离，精准杀死人身上的各种癌细胞，而且并没有伤害正常的细胞。

五是高度重视新能源科技与新型工业产品的有机融合，形成新的商业模式和产品销售的业态。在这个基于移动端和互联网发展的时代，能够充分结合新兴的移动平台，创新性地应用、创新服务和提供创造性的内容的广告企业就更有可能在未来几年获得较多的移动用户量和营销广告收入，成为这个行业的市场领导者。美国苹果公司不仅仅通过新一代信息技术为中国消费者提供了全新时尚的产品设计，更重要的技术意义在于，它把新一代信息技术和卓越的商业服务模式紧密地结合起来，将其中的硬件、软件和内容服务交叉于一体，整合了整条产业链和开放性的内容产品服务平台，形成

"内容分发渠道＋智能终端＋应用软件＋数字内容服务"的全新商业服务模式。例如苹果智能手机(iPhone)就是一款将智能手机与数码相机、音乐视频播放器以及掌上智能计算机完美融合的产品，而苹果手机商店(App Store)则丰富了广大客户的移动互联手机信息服务整体内容。美国的优步(Uber)公司采用互联网打车技术，提供汽车驾驶员和客户动态化的供需价格，颠覆了传统的公共出租车和公共交通运输的商业生态系统，成为目前深受年轻人群欢迎的一种打车工具。爱彼迎(Airbnb)公司通过自己的网络平台，利用空置的房屋、公寓甚至自己的家庭住宅，提供房屋租赁服务，开创了房屋租赁行业的P2P(个人到个人)模式，帮助了400万名旅行者预订到了便宜的住所，也帮助业主们赚到了资金，颠覆了传统的酒店服务业。2013年日本推出了"LED菜园子"，利用发光二极管(LED)作为光源栽培蔬菜。此种新业态极大地带动了日本家电行业、房地产和建筑业发展，为企业开辟了新的业务领域。[①]

二、启示

借鉴发达国家发展"四新"经济的经验和做法，建议山东省要在以下几个方面下功夫。

一是需要集聚一批具有国际水平和全球影响力的创新型主体。我国要发展"四新"战略型经济，首先必须要为其创造良好的自由贸易环境，集聚一批具有国际水平和全球影响力的自由贸易创新主体。因为企业本身就是创新的对象和主体，而企业的创新则主要依赖于核心技术团队、核心产品和市场、核心业务模型，同时也依赖于科技型的中介服务企业、基金、风投等服务机构。因此需要积极引导企业继续加大对研发的投入，支持国家和重点企业建设高水平的研发中心与实验基地，优先鼓励和支持在国内外具备条件的企业内部建设专门的研究中心与实验室，鼓励企业开展产品创新、工艺革命性创新、流程革命性创新与生产链条的革命性创新。

二是需要充分利用新技术和新模式来推动传统制造向"智能制造"的转变。山东省的制造业目前正处于自主创新和转型升级的关键时期。以3D

---

① 参见《日本建筑界忙种菜，LED菜园子或将成下一个摇钱树》，人民网，http://japan.people.com.cn/n/2013/0829/c35463-22738183.html，2013年7月8日。

打印、机器人、大数据、信息化等为主要代表的先进技术的引入和采用,使得制造工艺过程通过可编程微型控制器、台式数控机器和3D打印机而得以大大简化,节约了劳动力的投入和使用。新技术的采用使我国传统的劳动力密集型的生产模式的优势丧失。所以,目前山东省一方面仍然需要紧密关注全球新一轮工业科技创新的整体发展趋势动向,评估新一代工业技术的快速发展对于我国嵌入式和全球化的制造业和产业链的直接影响,及早地感触工业技术革命的发展脉动,主动统筹谋划,超前发展布局;另一方面,要积极支持鼓励装备制造企业与装备设计制造公司、信息电子技术服务公司及高校进行技术合作,建立联盟,争取在先进装备制造业和相关高端技术领域逐步形成核心竞争力和优势。要充分利用新科技、新模式来对传统产业进行创新,将研究设计生产、加工制造、营销和服务三个全新的产业链都整合到一个互联网络化和信息平台之上,并努力让这三个环节之间的企业和个人能够依托于移动互联网和电子通信终端等智能装备实现一体化集成,促进山东省的产业从传统制造到"数字制造""智能制造"的转换。

三是要积极参加新一轮工业革命及其相关制度的设计,提高在相关领域的话语权。在新一轮工业革命中,美国和欧盟等发达国家、地区根据本国技术的特点,制定了一套有利于西方国家的工业标准,我国的企业只能成为发达国家企业的技术和管理规则的接受者、跟随者,处于十分不利的地位。因此,应当积极参与到国际工业产品标准的研究和制定中,这样才能够争取到本国在世界工业体系中的话语权和利润分配。

四是要支持企业积极开拓适应新技术、新产品需求的商业模式。市场革命性的创新是需要与技术创新有效地结合在一起才可以推进的。与人机交互技术、通信技术、计算技术、感觉技术、数字化处理技术等各种信息技术创新密切匹配,发达国家的商业模式已经出现了智慧制造模式、云制造模式、大规模定制、O2O(线上到线下)和C2C(消费者到消费者)模式、跨境生产服务模式、3D制造模式。山东省应该积极扶持企业把互联网技术创新和商业模式创新有效地结合起来,鼓励和支持企业发展大数据、云计算、网络平台、移动互联等商业模式。充分利用网络技术,发展互联网视听、互联网教育、大数据平台、互联网金融、物联网、车联网等重点领域,建设一批推动山东省实体经济增长的软性基础设施项目和基地,创造经济活跃的新空间。

五是要增强跨境创新和组织管理能力。从国际经验来看，不同行业的各类企业之间进行跨境合作和跨境竞争，已经成为一种全新的商贸竞争模式。未来的市场竞争已经不再仅仅是公司和公司之间的竞争，而是商业和生态系统之间的竞争，尤其是在一些规模较大的跨国企业中，服务性营销收入占的份额越来越大。山东省的企业需要以自主创新驱动发展为主线，以新一代信息科学技术和设备为载体，形成一种跨领域、横向的融合发展模式，这也是实现山东省经济转型发展的重要突破口和战略方向。跨境融合能够催生新业态、新模式，成功的案例包括：(1)互联网信息科技企业与装备制造企业的跨境融合，如阿里巴巴投资海尔、小米投资美的；(2)服务业与制造业的深度融合，如互联网视听、智慧照明、移动医疗等新兴技术的发展和应用；(3)新的服务技术和服务业的融合，如美国打车软件优步(Uber)和房地产租赁爱彼迎(Airbnb)等。

总之，“四新”经济是在新时期信息技术革命、新工业革命以及制造业和服务业融合与发展的大背景下，以市场为导向，以产业技术应用和模式的创新等作为经济内核并相互融合的新一代经济形态。发达国家推动“四新”经济的探索和实践是：通过科技创新，创造出了新的市场需求和空间；运用新的技术手段来升级传统制造业；通过新一代技术与体制的有机融合，为新兴产业发展的新模式、新业态提供了巨大空间。因此，我们要密切关注当前新一代技术创新的发展趋势，集聚一批高水平、具有国际和全球影响力的技术创新主体；利用新技术、新模式促进传统产业的创新和转型，促进山东省中低端制造业的发展；要积极参加新一轮工业革命和相关的体制设计，提高中国制造业的市场竞争力；要鼓励和支持企业努力探索与新技术、新产品相匹配的商业模式；要推进技术创新、制度创新和商业模式创新的有机融合，提高企业创新能力和组织管理能力，寻找新的盈利增长点。

第二节　上海“四新”经济的发展经验及启示

上海“四新”推动经济发展理论也是上海为了更好地对接国家支持战略性重点新兴产业快速发展、推动创新型经济转型升级发展，率先提出的经济理论。“四新”由新技术、新业态、新模式、新产业构成，“四新”经济主体具有

“重大跨境产业融合、需求导向主导、动态结构变革、高速成长、轻资产”五大特性，既充分体现了国际产业发展的最新趋势，又涵盖了对于传统产业的改造和升级。“四新”经济建设是助推上海建设一个具有国内外影响力的综合性科技创新中心的重要基础和支撑，是推动上海传统产业转型升级的重要核心驱动力。上海在“四新”经济发展过程中的各种探索和推进，得到了中央领导和国务院有关主管部门的认可和肯定。中共中央办公厅、国务院办公厅和其他有关机构多次深入开展调研和指导，兄弟省市也积极地交流经验，上海全市上下广泛动员，“四新”推动实体经济健康稳定发展的良好氛围日益浓厚，为切实实现上海经济转型的目标发挥了积极的推动作用。①

一、经验

上海发展“四新”经济的主要经验有：

一是将“四新”作为转型升级的最佳路径。当前，上海经济转型升级和科技创新中心建设面临着制造业和服务业、信息化和工业化、城市化和信息化、产业和城市“四个融合”的新常态。在新一轮信息技术革命、产业革命相互推动、交融与紧密对接的时代背景下，科技融合创新从传统信息技术的多维度的单一融合创新向“新技术、新业态、新模式、新产业”式的集成融合创新模式转变，上海已经初步进入“最不典型发展、最典型转型”的发展阶段，产业实体经济转为“求质求新求实求进”。② “四新”经济要求从对现有资源的过度依赖引领转向以产业创新技术为经济基础的要素创新引领，实现我国制造业现有资源的高效集约化综合利用和促进制造业的健康可持续发展，对接《中国制造 2025》发展战略，探索创新促进和推动我国现代制造业的技术转型和应用创新模式发展。

发展“四新”现代经济产业是加快推动上海地区传统产业结构调整、转型、改造和升级的必然内在要求。当前已经走到了不进行经济转型升级就要被资本淘汰的关键时期。推动实体经济的健康稳定发展，一要倒逼落后行业结构调整和产能淘汰，加大对企业节能减排的支持力度；二要鼓励和引

① 参见赵君丽：《发达国家“四新”经济的发展及对上海的启示》，《上海经济研究》2015 年第 5 期。

② 参见上海市经信委：《“四新”经济的上海路径》，《决策》2016 年第 12 期。

导支持制造企业进一步加强生产工艺技术改造和创新，采用数字化、智能化、绿色化创新制造及移动电子商务等全新的现代制造经营方式，发展新实体经济、新技术产能；鼓励通过数字化、智能化、绿色化的创新制造和文化创意服务，不断创造催生新的经济增长点。

“四新”经济在推动传统产业的转型和升级中一直发挥着重要作用，只有把“四新”经济融入我国的传统产业之中，才能创造和发展出新的产业，解决好两个“难点”：新技术不胜枚举，但新技术成功地实现产业化仍然是个难题；创造一种新的商业方法容易，但最终要形成一种新的商业模式却是个大难题。需要通过“四新”，把最关键的环节进一步打通，推动上海传统产业的创新和转型发展。

从本质上讲，“互联网＋”与“四新”的概念是内在统一的，两者都强调了对我国现有产业的重构，都凸显了技术创新的意义和重要性。从范围上来说，前者被认为是后者的一种具体表现形式，“四新”则拥有更丰富的文化内涵。以“互联网＋”经济为主要代表的“四新”经济正在不断地扩大和拓展新兴产业的范围和边界，改变着创新的方式，持续促进人们以“互联网＋”的思维去认识和思考，推动产业走向融合驱动发展之路。①

当前面临全球范围内新一轮产业结构的快速调整和发达国家“再工业化”等一些全局性重大挑战，上海正朝着世界最高端“智造”的产业中心战略方向加速前进。在“四新”现代经济发展体系加快建设的过程中，上海鼓励大众创业、万众创新，营造了一个有利于战略新兴产业和高科技创新企业加快落地的良性发展环境。制定相应措施，加大了对战略性重点新兴产业的扶持力度。坚持海纳百川，广聚各类优秀人才，重视各类优秀人才的培养集聚，以有效满足新兴产业技术转型升级的市场需求，推动“中国制造”走向“中国智造”。利用新技术、新模式，促进上海现代装备技术制造业的快速转型改造升级，从而有效引领其他战略性重大新兴产业的快速发展，抢占未来新兴产业的发展制高点。

二是发挥“四新”经济的引擎效应。上海“四新”经济的发展进入新时期，政府和企业共同发力，发展如火如荼。根据 2014 年 6 月上海市政府第

---

① 参见上海市经信委：《“四新”经济的上海路径》，《决策》2016 年第 12 期。

52 次全体常务会议对“四新”经济工作提出的总体要求，上海积极推动以“互联网＋”发展为工作主线的四新经济发展，提出了抓手型领域培育。2015 年有天然气分布式能源、移动互联网、创意经济、工业物联网、云计算等新的经济发展热点领域，表明上海加速促进“四新”经济发展的决心和行动力，更充分体现了“四新”经济的动态性变化和包容性特点。

在“四新”经济热点领域中，上海以互联网金融、移动端互联网、平台经济等为主要代表的新型现代服务业实现了快速增长。2015 年服务贸易总额为 1753.9 亿美元，增长 9.7%。在第三产业中，金融、信息和其他现代服务业的发展相对迅猛，已汇集 1000 余家大型互联网金融公司，2015 年实现经营性收入接近 260 亿元，同比上年增加 30%；其中，第三方支付业务收入接近 220 亿元。电子商务规模保持全国中心城市领先，2015 年累计实现电子商务交易总额 13549 亿元，比上一年增长 28.3%。其中，B2B 交易由快趋稳，实现了全国交易量 10645 亿元，增长 24%，占交易总额的 78.6%。网络购物继续保持上年高位，实现了交易额 2904 亿元，增长 50.6%，占全国交易量总额的 21.4%。网络消费范围和领域持续扩大，层次不断提高。2015 年上海实现商品零售贸易总金额 1655 亿元，比上年同期增长 52.8%，电商规模不断扩大。上海还先后在新能源汽车、移动医学、卫星导航、云计算、认证服务、节能环保服务、创意设计等领域取得了较大进步。[①]

新技术异军突起。3D 打印、机器人等 12 项可以替代传统应用、形成市场实力的新技术正在快速发展。在 3D 打印技术领域，上海推动成立了国内首家正式注册的医药行业制造协会组织——上海市增材制造协会，成立了国内首家三维医疗打印云平台，推进国内首个三维版权交易，并在漕河泾开发区松江园内形成 3D 打印的产业聚集。目前，上海正在围绕材料、设备、软件、应用服务等 3D 打印技术产业链的关键环节进行完善布局。在机器人产业领域，上海已经发展成为我国规模最大的机器人产业集聚地区，外资企业与民营机器人企业、本地机器人企业与国内其他区域机器人企业在上海竞相生存和发展，集聚了一批“本体”和“功能部件”的制造企业、系统集成商、

① 参见上海市经信委：《“四新”经济的上海路径》，《决策》2016 年第 12 期。

大学和科研院所，形成了从机器人的研发、生产到应用的完整产业链。①

新业态加快集聚。网络视听、互联网教育等14项应用信息技术、从现有的领域中衍生和叠加而来的新业态初具规模。网络视听行业在2015年的产业规模已经超过130亿元，占全国市场1/4的份额。在“互联网＋教育”领域，上海共有近150家“互联网＋教育”企业，2015年新增创业企业近60家，企业技术创新步伐加快，新业态不断涌现，产业发展增长潜力巨大。②

新模式蓬勃涌现。“四新”模式创新包括再定义需求拉动型、痛点突破＋跨界应用型、创意设计型、平台模式型、异业联盟型、并购整合创新型、协同创新型、集成创新型、价值链提升型、营运创新型、业态与模式创新型、迭代平移型、产业链贯通型、碎片整合型、“互联网＋”典型示范型、软硬融合型、跨界融合型、空间创新型、时间创新型、主题创新型等多种典型模式。

新产业融合发展初具规模。车载互联网、智慧家居照明、北斗卫星导航等10个基于国家科技创新发展的重点产业和新兴技术已经逐步由专业试点向应用领域转变。

三是注重政府“有形之手”的发力途径。上海在加快推进“四新”经济发展的同时，不做顶层规划，不分传统和现代，不锁定其发展内容，不规定统计口径，不固定其推进模式和手段，只是提出了发展的方向，为未来留下了发展的空间。之所以要这样做，是因为“四新”经济的本质就是跨越、协同、自主创新，具有轻资产、高成长、渗透性、融合力、基础环境依赖、动态变化等特点，更加强调无形资产、智慧发展、核心企业团队和核心竞争力。

上海市为了促进“四新”经济的持续健康发展，主动积极作为的同时又智慧巧妙地作为，很好地发挥了“有形之手”的力量。进一步健全促进“四新”经济发展的政策性工作推动机制，建立了服务“四新”经营者和企业发展的绿色渠道，坚持以问题为导向，从满足企业全过程需求出发，顺应企业整个生命周期变化的规律，构建了服务于企业各个发展阶段的对问题的反映与解决机制。

---

① 参见《上海新经济发展趋势和突破点》，上海市发展改革研究院网站，https://shadr.org.cn/detail.jsp? main_artid=88000&top_id=288&main_colid=298。

② 参见《上海新经济发展趋势和突破点》，上海市发展改革研究院网站，https://shadr.org.cn/detail.jsp? main_artid=88000&top_id=288&main_colid=298。

在加快推进“四新”经济发展的过程中，建立了“2＋X＋17”的工作机制。“2”就是由市发展改革委、市经济和信息化委牵头，“X”就是相关的职能部门，“17”就是上海17个区县。依托“2＋X＋17”的工作机制，建立“四新”企业瓶颈问题的及时发现、搜集、反馈和有效解决机制，加强企业和地方政府部门的有效沟通和对接，以点带面，按照先易后难、分步推进的原则，针对企业普遍反映的一些共性问题，注重通过个案解决问题，形成可推广、可复制的对策措施。围绕企业瓶颈问题的发现、搜集、反馈机制，市经济和信息化委通过多种途径、多种方式和手段，建立了多层次的问题引导机制。

针对平台企业持续发展的重大瓶颈和难点问题，市发展改革委和市经济和信息化委每季度都分别牵头组织企业召开一次市级政府平台企业专题工作协调会，针对近期收集和研究整理的一些行业共性热点问题以及前期工作中存在的难以解决的重点问题，相关主管部门和平台企业面对面直接进行沟通交流，共同合作探讨，研究这些问题的具体解决方案，同时明确由各区县主管部门负责跟踪后期问题的解决情况。同时，对于一些政府部门无法解决的技术问题，需要积极争取得到国家相关政策、技术支持的，明确由市级各行政主管部门积极与相关部委进行技术对接，为企业发展保驾护航。

上海各级政府积极完善其职能与工作模式，顺应行业发展趋势，打破了传统的思维模式的束缚，切实地解决了企业在经营中遇到的困境和瓶颈，探索出管理新模式，使各种政策措施与体制机构真正适应了新技术、新产业、新模式、新业态发展的需要，真正适应了先进生产力发展需要。

上海在出台各项政策措施的同时还积极加强载体建设。载体的建设是培育“四新”经济的重要抓手，有利于为“四新”企业创造更好的技术和产品创新、信息交互、跨境融合、资源整合的环境。上海提出了“创新联盟＋实训基地＋创新基地＋产业基地”的“四位一体”工作推进模式，经过一年多的发展，上海“四新”载体建设卓有成效。市经济和信息化委联合张江高新区管委会启动第一批50家上海“四新”经济创新基地建设试点，涉及工业机器人、高端医疗器械、3D打印、互联网金融等30余个细分领域，并共同完成了上海“四新”创新载体信息对接服务平台的搭建工作，推动36个重点领域与科技企业孵化器的对接。同时联合推进实训基地建设工作，推动互联网视听、智慧照明、集成电路、物联网等8家人才实训基地的挂牌。建设以企业为主、产学研协同合作的“四新”重点领域专业人才培养实训基地，为“四新”提供了人才资源。[①]

二、启示

从上海发展“四新”经济的实践中，我们可得到以下启示：

一是实施新的政策体系，引进、扶持、培育新产业、新科技、新模式、新业态，推动经济增长，提升产业发展能级。上海围绕规划、主体、载体、项目、投融资、环境等方面，提出发展“四新”经济的路径和具体举措，令“四新”经济成为新的核心产业。

二是推动“四新”经济发展，关键词是“创新”。创新离不开两大要素：动力和能力，前者取决于社会大环境——这尤其需要政府的大力推动，包括构建服务创新体系、激发整个社会的创新意愿，后者取决于参与者的平均素质。

三是发展新兴业态要规避风险。面对新兴业态的不断涌现，政府既要积极应对，也要理性慎重。所谓的“新”包含两层意思：既是机遇，也意味着高风险性和不确定性。不少专利都被锁在保险柜里，说明并非所有新技术都能适用市场需要。和传统产业相比，投资新兴产业的失败率相对较高，因此政府在制定新兴产业的规划时，一定要慎之又慎，要运用有别于传统产业的方式，构建容忍失败、多方分摊风险的机制，为发展“四新”经济保驾护航。

第三节　“四新”经济孕育江苏转型新动能的经验与启示

“四新”经济具有跨界融合、需求主导、动态变化、高速增长的特征，既体现了全球产业发展的最新趋势，也包含了对传统产业的改造提升。“四新”经济是江苏践行创新发展理念、实现新旧动能转换的重要抓手和动力源泉。

一、相关做法与经验

一是新技术——瞄准前沿，引领变革。推动经济转型升级，实现发展动

① 参见赵君丽：《发达国家“四新”经济的发展及对上海的启示》，《上海经济研究》2015年第5期。

能转换，前提和根本是技术创新，尤其是瞄准前沿、引领变革、替代传统的新技术。江苏科教资源丰富、人才辈出，有很多“制造第一”，如果能实现更多的“创造第一”，对未来发展的影响将是几何级。当前，江苏涌现出更多新技术，主要是发挥好了“三个作用”，即省内各所大学优势学科的作用、江苏籍“两院”院士的作用、江苏在外学术带头人的作用，这是创新的重要宝藏。[①]

坚持有所为、有所不为，聚焦最有条件、最具优势的领域，加快建设具有全球影响力的产业科技创新中心和具有国际竞争力的先进制造业基地。江苏创新在全国领先，苏州是重镇，冲在了全国第一线，这样的创新不是一般意义上的创新，而是引领性的，有更多的原创成果作为支撑。

推动关键领域核心技术的攻关突破，是技术创新的重中之重。围绕产业转型升级和经济社会发展重大需求，结合产业基础和优势，江苏正在实施两个重大专项。一是前瞻性产业技术创新专项。围绕未来网络、现代通信、新材料、新医药、智能制造等领域，到2020年江苏计划组织实施600项以上省重点研发计划项目，突破200项产业前沿技术，培育形成20个左右具有较强竞争力的产业创新链。二是重大科技成果转化专项。围绕培育形成下一代互联网、纳米科技、机器人及智能装备、高端医疗器械、先进碳材料、智能电网等一批辐射力强、带动力大、附加值高的产业创新集群，集成推进自主创新重大成果产业化，到2020年形成200个重大自主创新产品。[②]

二是新产业——突出先导性、支柱性。提高供给体系质量和效益，最终要落到现代产业新体系的构建上。无论是新兴产业还是传统产业，不是简单地看统计口径的归类、规模，关键看其在产业链、价值链中所处的环节。在新产业发展上，江苏战略性新兴产业突出先导性和支柱性，聚焦细分行业和领域，推动具有比较优势的新兴产业规模发展；先进制造业坚持高端化、智能化、绿色化、服务化、品牌化方向，推动智能制造快速发展，打造具有世界影响力的产业集群和知名品牌。

江苏是全国率先发展战略性新兴产业的省份，已有较好基础。江苏省主动顺应新经济发展趋势，针对战略性新兴产业，对发展思路、目标导向、重点路径均作了优化调整，更加聚焦供给侧结构性改革和“一中心”“一基地”

① 参见黄伟：《“四新”经济，孕育江苏转型新动能》，《新华日报》2016年11月23日。

② 参见黄伟：《“四新”经济，孕育江苏转型新动能》，《新华日报》2016年11月23日。

建设。比如，适应创意经济发展大趋势，新增加“数字创意产业”；适应航空航天产业发展形成的巨大市场空间，将“海洋装备产业”拓展为“空天海洋装备产业”；适应能源生产和消费变革需求，将“智能电网产业”“新能源产业”整合提升为“新能源与能源互联网产业”。

三是新业态——在跨界融合上找机遇。伴随着技术升级和商业模式创新，现有产业将衍生叠加出新的环节、新的领域，发展成为新的业态，在现代服务业中表现最为明显。江苏省党代会报告中指出，发展现代服务业有两个重要方向：生产性服务业向专业化和价值链高端延伸，生活性服务业向便利化、精细化、品质化提升。

世界物联网博览会于2016年在无锡举办，物联网已成为撬动江苏省经济转型的重要支点，有利于加速跨界整合、集成创新、规模化发展。物联网带来的“蝴蝶效应”影响到了多个产业，互联网金融主要服务个人客户，物联网金融的对象则是企业客户。随着平台上集聚的市场主体越来越多，因信息不对称带来的较高交易成本会逐渐降低，既为供给侧改革注入活力，也将培育出更多新业态。每一个新业态的萌芽、发展，都展现出了创新的巨大魔力和市场的无限潜力。依托移动互联网、大数据、云计算、物联网、电子商务、智能制造和信息安全等产业，正在涌现出一批新业态，江苏的发展势头非常好。

四是新机制——让企业唱主角。发展新经济，需要新的制度供给。技术创新、产业升级对软环境的要求很高，若缺少有效的市场激励、良好的政府服务，新产业、新业态就难以孕育成长。新经济改变了过去政府主导产业定位的发展路径，企业从跟着政府走转为跟着市场走，不锁定发展内容、不固定推进模式，政府“有形之手”的“留白”突出了市场的决定性、企业的主体性。

行政审批制度牵一发而动全身，纵向可以撬动政府自身改革，横向可以撬动经济社会各领域改革，激发市场活力。江苏以相对集中行政许可权改革试点为抓手，把分散在各部门的审批事项逐步集中，按部门条线开展的“串联审批”调整为按企业和群众创业办事需求为导向的“并联审批”，显著提升政府服务效能。比如，跨境电商、服务贸易等新业态的发展，对开放型经济体制机制改革提出了要求，江苏省商务部门拿出了新举措：体制机制求创新方面，推广复制自贸区新一批改革试点经验，深化苏州工业园区开放创新综合试验、苏州工业园区综保区和昆山综保区企业增值税一般纳税人资格试点等国家级改革任务，推进国际贸易“单一窗口”建设，全面实施“外商投资准入前国民待遇＋负面清单”管理制度。贸易方式求创新方面，深化海门叠石桥和常熟服装城市场采购贸易方式试点，推进苏州跨境电子商务综合试验区建设，加快省级跨境电商产业园和公共海外仓发展，加快南京江北新区国家服务贸易创新发展试点。开发区转型求创新方面，探索大部制改革试点和“区域评估”新模式，提升苏州工业园区、昆山深化两岸产业合作试验区、连云港东中西合作示范区等开放平台功能，建设南京江北新区、中韩盐城产业园等新一轮特色开放平台。①

二、启示

一是“四新”经济发展要加快建立制度体系。“四新”经济发展初期往往伴有新经济蓬勃发展的特征，但这些充满生机的新技术、新业态可能稍纵即逝，能否从“星星之火”发展为“燎原之势”，取决于能否及时确立与之相匹配的制度体系。只有先进的生产力与新的生产关系交相呼应，才能汇聚成为支撑经济社会迈向新一波增长的强大动力和能量。

二是“四新”经济发展要破除制度藩篱。“四新”经济通常具备轻资产、重知识、跨界融合等特征，传统以批代管、偏重目录准入管理的模式一定程度上制约了新经济的发展。越来越多“四新”经济领域的企业反映发展中遭遇行业准入限制的“玻璃门”“弹簧门”和“旋转门”。要加快破除限制“四新”经济发展的准入壁垒，加快探索负面清单或产业准入的审管分离制度，建立以事中、事后为重点的新型监管和追责体系。

三是“四新”经济发展要创新扶持力度。保障制度“缺失”、政策落实“不到位”是制约新经济发展的又一难题。“四新”经济发展犹如“摸着石头过河”的“试错”模式，一旦发生“触底”事件就会全面叫停，对稚弱的新技术、新业态、新产业造成毁灭性影响。建议一是要因业施策，针对新经济不同行业的发展特点和实际需要，制定既接轨国际又适合国情的特殊政策和专项管理办法。二是要加快完善知识产权保护与运用、科技成果转化等普适性的

① 参见黄伟：《“四新”经济，孕育江苏转型新动能》，《新华日报》2016年11月23日。

政策体系，建立健全适应新经济知识智力密集特征的制度生态。三是要确保措施落实到位，协同中央地方、各个部门着力解决政策落实“最后一公里”难题。①

第四节　广东揭阳金属生态园的经验与启示

“非新无以为进，非旧无以为守。”山东省产业结构总体“偏重”，传统产业占工业的比重约为70%。传统产业的动能改造决定了山东省新旧动能转换任务的成败。相对于新兴产业而言，传统产业的优势是已成规模，内部蕴藏着极大的转换需求、动力和资源。政府应考虑如何调动传统产业内部的动力与资源，以最小成本赢取快速、最大的成效。

为推动“低、弱、散、粗、污”金属电镀行业的动能转换，广东省揭阳市定位于存量变革，抓住“激活民间资本”这个牛鼻子，在“一旧”（传统产业）基础上打造“四新”，在中德金属生态城工业园区一改政府主导园区建设运营的惯例，在全国首创形成了“党委领导、政府指导、行会主导、企业主体、市场运作”产业园区管理新模式；通过行会组织企业互助合作，建立转型产业基金，引进德国真空电镀新技术，全力打造节能环保、先进装备制造、金属制品等新产业，形成合创小镇、动力小镇、“智造小镇”和“互联网＋跨境电商”的新业态。

揭阳市以“党、政、社、企”四方跨界互动、融合为“抓手”，实现“双转”（新旧动能转换与政府职能转变）与“双激”（激发经济活力与激发社会活力）统筹同步推进。党委、政府、行会和企业各就其位，各展所长，最大限度地优化、组合、创新供给要素，为当地传统金属产业结构换挡升级、生态环境的改善打下坚实的资源、制度等动能供给基础。

揭阳市有不锈钢加工企业7600多家，这些企业为当地贡献GDP的同时，“散、弱、低、粗、污”的金属表面电镀工艺也造成了很严重的生态污染。但这一传统产业经过长时间的打造，已形成了全方位的产业链，既有市场需求，又关乎国民经济发展战略与安全。如果政府借助行政手段对其进行强

① 参见章纯、李少臣、王哲希：《“四新”经济培育：嘉兴的主要做法和创新启示》，《浙江经济》2018年第22期。

制性“腾笼换鸟”，势必会打乱整个产业结构，导致产业链的垮塌，这既不利于产业结构转型升级，也不利于社会稳定。唯一可行的路径是对其进行技术创新升级，实现“凤凰涅槃”。“涅槃”意味着重生，结构与功能上呈现全新形态，但这个过程需要“浴火”，即需要动能转换的支持。

激发新动能关键在供给侧，如何定准动能供给的主体？比如像金属无污染电镀技术难题，在国内还没有被完全攻克，引进先进技术是这一产业“凤凰涅槃”的首选之策。谁能最有效地来牵线搭桥，同国外企业进行谈判合作？党委、政府如何介入？介入的角色适度性在哪里？激发新动能必须适应新常态，如何改变传统思维和手段？传统产业提升新动能，必不能惯用常规的思维和手段。在融资方面，同国外开展技术合作、平台的搭建均需要大量融资，融资的渠道在哪里？在工业园区监管方面，如果按照传统的惯例，政府主建工业园区，设立管委会，制定各种优惠政策“筑巢引凤”，且不说是否能一定取得国外资本的信任，更为重要的是政府要动员当地企业放弃既得利益，企业是否愿意同政府合作？是否愿意拿出成本进行升级改造？面对以上诸多现实问题，揭阳市结合中德金属生态城的建设蹚出了一条阳光大道。

一、揭阳市不锈钢产业提升新动能的经验

揭阳市在不锈钢产业中提升新动能的主要经验有：

(一)行会跨界融合，为技术创新突围供给新动能

引进德国的真空电镀工艺。行会之间跨界合作符合市场经济规律和国际惯例，更容易突破意识形态方面的壁垒，为寻找共同利益打开合作大门。相比较而言，德国企业行会发育程度很高，自主性很强，而我们许多的行会仍处于不温不火的状态。以弱对强，以散对齐，在对外竞争与合作中无疑会使我方处于劣势。为了同德国行会进行有效对接，揭阳必须成立更为团结、更为有力的行会组织。但成立统一有力的大行会面临着很大的交易成本，集体行动需要快速达成，必须具备强有力的社会网络、互惠性规范和由此产生的信任，即强大的社会资本的支撑。

揭阳具有“海滨邹鲁”的美誉，儒家文化中的“修身、齐家、治国、平天下”传统培育了无数具有社会责任担当意识的潮汕商人；独特工夫茶文化聚集

了乡情、友情和人情，培育了社会人的感恩意识；强大的商会网络和家族群落如同一个个信息枢纽，一个个众筹机构，一个个新产业、新项目的“孵化器”。儒家文化聚心，工夫茶文化聚信，商会文化和家族文化网络聚力，独特的区域文化资本使企业家群体抱团发展的潜意识更为强烈，使这一地区7600多家金属企业具备成立大型行会，展开战略性商业集体行动的可能性。

在政府引导和大企业带头倡导下，揭阳市经过充分酝酿，成立揭阳市金属企业联合会。行会在供给侧发力激发新动能的效果得到迅速显现，一开始就在开展对外对等合作中展现出强大的“破壁效应”。在首次招商合作交流会现场，相关企业与德国、西班牙、奥地利的122家企业进行对接，与十几个行会开展务实合作，与德国20多个科研机构建立了合作联盟。现场还出现了国内外企业之间的“抢亲”现象，有上百位德国企业家因为合作愿望强烈，推迟回国，继续深谈对接问题。

(二)社企主导经营，创新工业园区运营新模式

一是全国第一家行会办工业园区。工业园区的建设一般都是由政府主导并进行规划、筹资、建设，设立园区管委会进行招商引资。为体现供给侧结构性改革要求优化产权结构、政府宏观调控与民间活力相互促进的原则，中德金属生态城成为“试吃螃蟹”的开创者，成为中国第一家由行会主导建设并拥有土地使用权的工业园。行会在政府指导下承担土地一级开发商职能，按照市场规律组织企业互助合作、规模经营，且享有自定园区制度等政策优势。

二是全国第一个行会注资成立企业集团。金属生态城的建设上突出的是行会主导，整体运作上却体现出“企业主体”的概念。揭阳市金属企业联合会利用其筹集的产业基金注资成立中德金属集团，成为生态城投资开发与建设的园区管委会，用资本运作的方式承担生态城项目的规划、建设、招商、运营等工作。“行会＋企业”办工业园区的模式解决了政府办园区不方便出国招商的问题，也解决了因主管领导频繁调动影响工业园区长远规划的问题。

三是全国第一家行会设立产业基金。在资本供给上，政府不再是产业园区开发资本的有效供给者，这就有效激活了民间资本，可为传统产业新旧动能转换快速输血。揭阳市金属企业联合会成立后，由常务理事会发动会

员企业成立揭阳市金属产业投资基金，在会员企业中筹集首期起步资金10亿元，该基金因此成为国内第一支由行会设立的产业基金。有了源源不断的民间资本供给与动能输出，中德金属生态城迅速崛起。

（三）推动“五链一体”，依托三大小镇催生新业态

揭阳市金属生态城按照集产业链、创新链、服务链、人才链、资金链于一体的理念，立足资源禀赋、历史文化、地理位置、产业集聚等特色，做精做强特色小镇主导产业，促进产业跨界融合发展、集聚发展。

一是打造全产业链配置平台。中德金属生态城针对原来传统产业“野蛮生长”，有产业无园区、有园区无产业的问题，以传统产业聚合发展为导向，明确金属产业主题，主导节能环保、先进装备制造、金属制品三大产业，全力构筑原材料供应及产品营销、研发设计、金属制品生产与机械制造、废旧金属产品回收再利用、人力资源、产业金融六大平台，形成资源要素紧凑、全产业链联动的产业集群。[①]

二是打造“合创、动力、智造”三大小镇板块。合创小镇主要功能包括综合服务中心、中德金属产业创新基地、电镀园、交易平台、物流园。动力小镇以企业总部——中德产业大学及中德研发中心为核心，集科研、教育、培训、技术服务于一体。智造小镇以工业制造组团配合动力小镇科研开发成果输出，成为制造业的现实实验区，是“新型与绿色”的代表。

三是打造“孵化器”、“加速器”、工业设计中心、专门化总部基地等新型载体。首先建成德国先进技术推广中心和先进装备国产化中心，重点引进德国先进技术，引导企业孵化掌握核心技术。建成面向产业应用的研发合作基地，创办首家中德双元应用科技大学，引进“双元制”职业技术教育模式，培养与制造业转型升级相适应的产业人才，实现产教融合，推动制造业从“人口数量红利”向“人口质量红利”转变。建成绿色电镀产业聚集区和金属制造业聚集区；建成中德跨境电商平台和德国精品展区，引入500家跨境电商企业，借助“互联网＋”，将德国精品引入中国，并让中国商品通过网络“走出去”。

---

① 参见江宜航：《广东揭阳：探索开发区转型新模式》，《中国经济时报》2015年9月7日。

(四)党政适度介入,四大主体形成互动新机制

党、政、社、企是新旧动能转换中必不可少的四个关键主体。如果行会是动能产生的混合装置,企业是动能输出的动力装置,那么,党委、政府必须发挥出动能激发的领导和引导作用。

一是中共中央对外联络部(简称中联部)做好政治沟通,为产业升级保驾护航。中德合作涉及国与国之间竞争、国家形象的树立、国家安全的保障、国家利益的维护以及意识形态的碰撞等问题,这不是行会和企业所能主导的。另外,行会、企业可以就自身利益、技术等问题进行合作与谈判,其趋利性本身就可能引发一定的政治风险与经济风险。所以,对外合作看似技术引进问题,实际上是政治问题,必须坚持政治正确,这是底线,必须在党的领导下才能顺利开展。

对于金属生态城的建设而言,中联部的介入并促进执政党层面的有效沟通,可以为中德技术合作在政治上保驾护航。在中联部的助力下,德国的各级官员与我方进行了多层次正式或私下的沟通与对话。通过对话加深了两国执政党在可持续发展和城镇化领域的相互理解,促进了“中国制造2025”与德国“工业 4.0”的务实合作与对接,扫清了中德合作的政治障碍。金属生态城因此不仅成为中德合作的重要技术创新平台,也成为新时期中德两国执政党务实合作的试验田和新名片。

二是组织部门创新柔性人才引进平台。揭阳市人才驿站是省市两级组织部共同建设的非营利柔性引才引智公共服务平台,采取“1＋3＋N”(即1个总站、3个服务基地、N个分站)模式建设。总站设在金属生态城,依托其设立的海外办事处和境内外人才科研等优势资源,秉承“不求所有、但求所用”的柔性引才理念,靶向吸引集聚区域外各类优秀人才为产业发展、技术攻关、信息发布、人才培养、交流对接、项目孵化、休闲疗养等提供支持,从而成为具有区域产业特色和海外资源优势的人才驿站。

三是政府指导,为社企主导注入持久内生动能。行会主导园区建设无成例可循,必然要遇到诸多政策上的瓶颈。供给侧结构性改革实质上就是改革政府公共政策的供给方式,政府要在“放、管、服”上进一步突破。一是政策创新。在广东省政府政策基础上,揭阳市政府出台实施了《关于加快中德(揭阳)中小企业合作区起步区建设发展的若干意见》,从运营、土地、基础

设施、财政、金融、科技、人才、产业和政务九大方面突破各种条框束缚，对金属生态城的建设给予全面优惠。二是服务支持。市政府将生态城的基础设施、公共服务体系纳入全市城乡建设“十三五”规划，优先统筹资源。三是职能转变。揭阳市政府让行会承担与外资谈判、技术引进的主体作用，而政府只是在幕后做大量便利各方沟通联络的“嫁接”性工作。另外，为落实相关扶持政策，政府还特意在园区设立公共服务大厅作为派出机构，将与金属生态城建设有关的大部分审批服务职能在此集中，大大提高了办事效能。

二、启示

揭阳市发展金属生态园对山东省的启示主要有：

（一）重视社会组织的“推手”作用，为激发新动能铺垫新路径

山东省资源条件好，传统产业体量大，有规模、有资本是我们的优势。山东要做新旧动能转换的示范省份，传统产业提质增效是第一大关，要进一步激发全省人民的斗志，有效利用传统产业所蕴含的无尽动能资源。山东省社会组织的数量在全国居于第二位，体量庞大，借助这一支庞大的社会力量，激发其内部的活力，从传统产业的各个微观层面进行社会资源的整合、微观利益的糅合、社会创新精神的激发、经济运营新机制的探索，借助其社会资本的天然优势激发起金融资本的活力，这是传统产业新旧动能转换的有效之路。

（二）政府要当好激发新动能的“扶手”，打造精简高效的政务新生态

全省上下在新旧动能改革上要树立起时不我待的紧迫感，同时也要稳住心神。在传统产业的动能转换上，政府一是要稳中求变。关乎国计民生的传统产业，并不是都需要“腾笼换鸟”，政府不能毕其功于一役，不能“一刀切”，这是在新旧动能转换中打造“高效”政务生态的首要之义。历史上，上层急功近利，导致上行下效，对整个政务生态造成破坏的教训俯拾皆是。旧的东西并不必然有害，旧的内部也孕育着新的生机，要在旧产业上赋予新动能，对传统产业进行升级改造。广东省虽然是最早提出并开展“腾笼换鸟”的省份，但在推动传统产业“凤凰涅槃”上也毫不含糊，省政府及揭阳市政府因地制宜，不生搬硬套，没有将对环境造成污染的7600多家金属企业全部关停，而是与企业一起想办法找出路。这一做法令人称赞。二是思路转换。传统产业转型升级任务异常艰巨，需要新资源、新机制的支撑。政府是其动

能激发的责任主体，但却不是最有效的主体。动能寓于民间，政府不一定非事必躬亲，必须要借助社会组织、企业的力量。三是职能转变。各级政府要深挖社会组织助力产业转型的生长点，激发民间社会资本的活力，使其在有效地整合行业利益，优化行业资源配置的基础上，勇敢地“走出去”和“请进来”，学习国外先进技术，促进行业技术创新。政府还要敢于突破当前的体制机制障碍，赋予社会组织、企业办事创业、开办园区的各项权利和条件。

（三）党要做好激发新动能的“舵手”，借助传统产业“突围”，为党建引领方向

一是传统产业“脱困”需要党组织的介入。传统产业体量大，转型需要精神引领与激励，这需要在党委领导下进行精神提振。另外，传统产业要脱困，关键还是人，柔性的人才政策需要组织部门的创新与支持。组织部门在人才政策上可以借鉴揭阳“1＋3＋N”柔性人才引进模式，为山东省传统产业动能转换甚至整个新旧动能转换工作提供更好的人才支撑。二是传统产业开展对外合作要“脱敏”，需要党组织的介入。企业开展对外合作涉及国与国之间的关系，经济活动会带来政治上的敏感，这就需要“脱敏”。我们党同国外政党组织开展交流合作，政治层面的交往可为经济合作打下良好的信任基础。三是社会组织、企业开展对外合作要“脱险”，需要党组织的介入。在产业规划、对外交往、国家形象维护、意识形态把控、社会组织内部治理等方面，各级党委部门必须有效承担起领导责任，只有有了党的有效政治力量支撑，社会组织才能在经济转型、产业升级中唱出创业、创新、创优和开创未来的连台好戏。

总的来说，揭阳金属生态城在推动传统动能提质增效方面给我们最深刻的启示是：以“党、政、社、企”四方跨界互动、融合为“抓手”，实现“双转”与“双激”统筹同步推进。传统产业的新旧动能转换必然离不开政府职能转变，激发其经济活力必然要同激发社会活力并驾齐驱，单纯强调哪一边都不能实现预期的目标。要实现“双转”与“双激”统筹同步推进，各级党委、政府也必须敢舍、敢退、敢干，充分培育、激发社会组织、企业等各类社会主体内部潜藏的动能。社会组织、企业在与各级党委、政府进行互促、互动合作的过程中，为创新驱动提供有效的组织、资本、制度等动能供给。众人拾柴火焰高，山东省传统产业必定会在“浴火”中得到重生。

第五节　浙江省以亩均效益评价促转型的经验与启示

为加快推进工业企业综合绩效评价工作，进一步完善综合绩效评价体系，促进经济转型，发展“四新”经济，浙江省全省开展亩均效益评价改革工作。考察调研发现，这一改革对山东省具有借鉴意义。

一、主要做法和经验

浙江省以亩均效益评价促转型的主要做法和经验有：

（一）优化亩均效益评价体系

首先，优化指标评价体系。各地分别在浙江省统一评价指标的基础上，根据自身实际制定了评价指标及定档、提档、加分、降档、否决、保档和限档等一整套评价体系。同时，推行亩均效益综合评价的过程也是评价体系不断修正完善的过程。每年本着“大稳定、小调整”原则，根据工作开展实际和企业、社会建议意见，对评价体系不断进行优化。

其次，建立完善的工作机制。各地均把“亩均论英雄”改革作为“一把手”工程，建立了由市长任组长的“亩均论英雄”改革工作领导小组，成员由经信局、科技局、税务局、环保局、水利局等多个部门和各镇街区主要负责人组成。明确各部门、单位目标任务，落实工作责任，统筹协调亩均效益综合评价工作，确保评价工作顺利开展。每年关于评价办法的修改意见都经市委常委会或市政府常务会议审议通过，保障了各项政令顺利执行。

最后，分行业重点推进。乐清市根据当地产业情况，划分了电工电气、电子信息、汽车制造、设备制造、电气电子配套及其他五大行业进行评价，并突出电工电气行业的支柱地位，将其细分为配电开关等五个子行业进行全产业链评价；加大了对战略新兴产业的支持，直接给予行业龙头和隐形冠军企业A＋和A类评价（评价分为A＋、A、B、C四类），充分发挥关键少数的示范引领作用。

（二）建立综合评价管理系统数据平台

首先，探索建立综合评价数据平台。乐清市是浙江省第一个开发综合绩效评价大数据平台的县(市、区),其数据平台集资源共享、数据采集、运算、公示、评价功能为一体,实行网上操作和电脑程序化计分评价排序。乐清市综合绩效评价平台作为浙江省典型在全省进行推广。玉环是台州市第一个建立数据平台的县(市、区),其数据平台系统设置合理,功能齐全,操作简便,企业和各职能部门申报、审核数据便利快捷。各地数据平台均设立企业、镇街、职能部门独立账号和数据模块,可在外网通过独立账号登录,极大地简化了工作流程,有效避免了数据错误,提高了工作效率。

其次,事前、事中、事后全公开。各地均采取企业申报—职能部门或镇街审核—经信局汇总分析的数据采集模式。企业以自己的组织机构代码或社会统一信用代码为账号,在申报期内随时登录数据平台查阅镇街、各职能部门核定的有关评价数据。企业若对数据有异议,可向有关职能部门申请更改,并将评价结果在报纸、网站上进行公示。这种企业申报、部门或镇街审核的方式,有利于提高企业参与度,全程了解自己的数据情况,有效避免了部门或镇街直接提报数据,企业对评价结果接受度低,出现不稳定因素的情况。

最后,利用大数据监测分析企业运行情况。平台运行后,企业每年将经济指标、土地面积、用水、用能等指标数据录入大数据平台,形成全市工业企业指标大数据库。该数据库实现了对企业指标的汇总分析,可为全市工业规划、行业发展、企业运行、新动能发展扶持政策制定提供数据支撑和理论分析,有利于集中资源大力发展优势产业,加快培育先进产业集群。

(三)实施资源要素差别化政策

首先,全面落实各项差别化政策。乐清综合绩效评价分为A+、A、B、C四类,玉环分为A、B、C、D四类。乐清对A+类、A类企业分别减免城镇土地使用税100%、80%,自用房产税30%、10%的政策;利用差别化电价、水价经费对亩均效益突出且税收增长较大的企业进行财政奖励;对C类企业每吨工业用水加收1元,将差别化电价从每度工业用电加收3分提高到1角。玉环对A类企业城镇土地使用税减免50%以上;对C、D类企业用水价格分别上浮5%、10%以上,电价每度分别提高0.1元、0.3元。

其次,进一步提高土地要素配置水平。乐清全面实行“标准地”改革,对A+、A类企业土地给予出让价格3万元/亩的优惠政策,B类企业加价2万元/亩的政策,原则上不对规下企业(即规模以下企业,下同)供地;同时对A+类企业在要素保障、财政政策、评先评优、子女上学等方面给予激励,对末档企业停止各类财政补贴。玉环对A、B类企业优先保障土地需求;对C、D类企业土地出让设定条件限制,对连续两年被评为D类的企业,倒逼转型升级或退出用地。

最后,全面实施"低产田"改造。各地制定了符合当地情况的"低产田"认定标准,分别将"低、小、散"企业纳入整治重点,通过技术改造、"换鸟"提质、整治倒逼等措施加快"低产田"整治提升,加快推动要素资源向主导产业、优势项目集聚,强化"亩产论英雄"效果。①

二、启示

浙江省以亩均效益评价促转型的成功实践可给山东省带来以下启示:

(一)建立山东省工业企业综合绩效评价管理系统

综合绩效评价工作涵盖多项评价指标,涉及多个相关部门和各镇街区,数据多、工作量大、难度高、容易出错。建立数据平台能够高效、准确、及时地开展好综合绩效评价工作。可以借鉴乐清、玉环的数据平台运行模块和功能设计,联系专业软件公司设计开发山东省工业企业综合绩效评价数据系统。

(二)进一步完善综合绩效评价体系

借鉴外地经验,结合山东省综合绩效评价实施情况,进一步研究完善山东省综合绩效评价指标和标准。根据部门职责分工,完善实施细则,针对评价过程中涉及的数据采集、评价分类、反馈核实、结果公示、政策运用等步骤,明确操作标准、流程和责任分工,实现标准化操作,保障评价工作高效可靠。加大摸底调查力度,扩大评价范围。开展工业企业亩产效益综合评价的重点和难点在于企业数据的精准采集。首先,市县两级要尽快建成规上、规下企业(即规模以上企业、规模以下企业)综合评价数据库和大数据分析平台。整合税务、统计、国土、电力等部门数据,保证基础信息的准确、完整、及时更新和共享。按照国家对数据开放的有关规定和要求,综合评价大数据平台按产业、部门等进行分类分档,建立"企业体检档案"。该平台向全社

① 参见《浙江省人民政府关于深化"亩均论英雄"改革的指导意见》(浙政发〔2018〕5号),2018年1月15日。

会公开，数据实时公示，接受社会监督。同时，推出纠错机制，对采集数据存在异议的，统一进行现场再核实，确保评价的公开公正和精准有效。其次，运用行政手段精准采集企业数据。针对部门数据不全、不准问题，必须采取行政手段开展全面调查。建议各市、县以测绘人员和各职能站所工作人员为延伸全面铺开调查，力求企业用地、用电、用能等数据真实，同时建立数据网格员制度，保持对各类数据的动态长效更新。再次，加强工业企业用户信息捆绑。从企业取得纳税人识别号开始，将纳税人识别号作为评价对象标识，实现一企一账号管理，对集团企业进行合并评价。针对规下企业量大面广、数据杂乱的实际情况，建议大力推广浙江瑞安做法，以“电税比”这一核心指标进行数据采集和评价，首要任务是开展“一表多户”治理、实施用电实名制核查、建立责任倒逼机制等方式夯实用电统计基础，实现用电户号与纳税人识别号捆绑，在精准掌握工业企业电税数据的前提下，结合用地数据进行评价。最后，加强大数据分析和运用。通过大数据分析，将“亩均论英雄”拓展到“创新论英雄”，遴选各行业 A 类企业排名靠前的 50～100 家企业作为行业标杆，进行宣传推广、重点扶持，着力挖掘细分领域的隐形冠军企业，将“亩均论英雄”数据平台打造成企业科技创新和核心竞争力的评判分析平台。

（三）探索研究要素差别化配置政策措施

借鉴乐清、玉环经验，根据山东省实际，逐步探索研究差别化资源要素供给和倒逼政策，按照具体明确、导向鲜明、落地性强的原则，立足山东省实际，统筹考虑现行政策措施和政策衔接，尽快提出资源要素差别化方面的创新性政策措施，推动综合绩效评价工作迈向深入，加快推进山东省工业高质量发展。

（四）提升政策能级，加强顶层设计

“亩均论英雄”改革是一项涉及方方面面、深入推进资源要素市场化配置的重大改革，推进时不能仅仅停留在经信部门的层面。首先，拔高政策高度。建议山东省在推进这项改革的过程中，省一级要积极同电力、水务部门进行政策性协商与沟通，为差别化价格机制的形成打好基础。市一级政府和各县（市、区）政府分管工业的领导亲自主抓，将“亩均论英雄”改革作为统筹引领、强力推动产业转型和动能转换的主抓手，将人才、金融、创新、土地等方面政策与"亩均论英雄"评价结果全面结合起来，明确A、B、C类企业享受政策优惠的不同幅度，取消D类企业的一切优惠政策。要确保用地、用电、用能、排放、融资等方面要素配置向高效益企业倾斜的目标真正落到实处，产业政策的导向目标更加明确，使企业高度重视效益评价结果带来的影响。其次，凝聚部门合力。要求各地方相关职能部门抓紧制定配套政策，形成政策合力，否则"亩均论英雄"改革无法形成"政策闭环"。同时，建立由国土、税务、金融、电力、安监等部门参与的联席会议制度，定期通报情况、分析问题，根据企业动态进展落实措施。最后，促进改革向纵深发展。一方面，将"亩均论英雄"改革与招商引资和产业平台建设结合起来，以"亩均论英雄"的思路指导招商引资工作，明确不同区域、不同产业的"亩产"标准，严格审查产业类型、节能减排措施、投资强度、建设期限、技术水平、发展前景以及亩均税收、亩均产值、亩均能耗、亩均排放等指标，切实提高土地含金量。另一方面，在区域评价方面，重中之重是加快推进高新区、产业集聚区、特色小镇等重大产业平台的"亩产效益"综合评价，以亩产效益作为考核这些产业平台的重要标准；通过"亩均论英雄"改革措施的引导，在不同的产业平台上培育不同的特色产业集群，杜绝"低、小、散"企业和"脏、乱、差"产业进入。

（五）强化土地管理，推进源头治理

总体上按照"增量控制"和"存量盘活"的原则，从加强工业用地全过程管控入手，提高企业亩产效益。首先，全面调整传统工业用地供地方式。抓紧设立行业投资强度和产出效益规范，按不同行业建立亩均投资、产出、能耗、环境、建设等标准，并纳入土地招拍、出让条件，全面实施"标准地"政策，并在特定行业、特定区域试点"建设期＋投产期＋剩余年限使用期"的用地弹性出让制度，实行分阶段考核验收，验收未达标的即按照合同约定退出。其次，加大对存量土地盘活力度，开展"供而未用"土地清理专项行动，对非政府原因造成的闲置超过2年的工业用地，坚决按有关法律法规收回土地使用权。同时，建立闲置土地挂钩制度，将存量闲置土地盘活情况与市、县（市、区）、功能区、镇（街）用地指标安排挂钩，倒逼属地政府加大工作力度，促进土地利用率提高。再次，加强在建项目全过程管理，对在建项目和即将落地项目，明确投资强度和产业类型，建立工程开竣工履约保证金制度，对未达到约定要求的，落实相关措施，加大查处力度。同时，建议严格控制用地 50 亩以下项目分期建设。最后，加大已投产企业“挖潜节地”和技改力度，千方百计挖掘盘活有限空间资源。省、市、县三级可结合企业综合评价大数据平台，着手绘制“热力图”，在标注园区所有企业位置、相关产业数据指标的同时，配以菜单式功能，以深浅不一的颜色代表不同热力辐射形式，形象展示不同产业板块的税收、创新等指标，对“低产田”和“高产田”进行精准跟踪。针对企业发展实际和短板，帮助制定具体的提升计划，比如鼓励企业采用多种方式推进旧厂区、旧厂房改造，鼓励扩大生产性用房或通过新建、扩建、翻建多层标准厂房，提高亩均产出；或者鼓励企业建设技术中心，积极与大专院校、科研院所等开展技术合作，通过“两化”深度融合实现产品升级换代，通过机器换人提高生产效率。对产能落后、不符合生产安全要求、不符合环保和节能减排要求的“低产田”企业，坚决予以清退；对涉及出租的该类“低产田”，启动原出让程序调查和依法收回程序。

（六）完善评价体系，优化评价导向

首先，精准制定评价体系。鼓励各地方结合各自产业发展实际，围绕未来发展方向，分行业开展差别化“亩产效益”综合评价，制定出台差别化评价办法，科学设置各自规上工业企业的评价指标及权重，对单位能耗和单位排放增加值建议探索采取负面扣减形式；而针对规下企业，应更加注重行业划分，以单位用电税收比来考核评价，将指标低于行业平均的规下企业以及规上 D 类企业作为税务、环保部门重点跟进对象进行监管。同时，设立加分项，对省级及以上企业技术中心、高新技术企业、重点企业研究院、试点企业，以及对当地经济稳增长促转型贡献大、创新驱动示范作用明显的企业可给予加分。其次，完善资源要素差别化价格政策，不仅要依据“亩产效益”综合评价结果，全面依法依规实施用地、用电、用水、用气、排污等资源要素差别化价格政策，而且建议扩大差别化价格实施行业范围，进一步加大首档企业价格优惠力度，以建立强有力的正向引导机制。

第六节　山东省青州市打造企业创新生态的经验与启示

推动新旧动能转换，以“四新”促“四化”，必须发挥企业创新主体作用。

山东省企业创新是一个短板，2016 年高新技术企业只有 4692 家，仅占全国的 4.5%。全省规模以上工业企业中，开展研发活动的只有 13.9%，低于全国 19.2%的平均水平，与江苏和浙江 30%左右的比例有较大差距。在这种条件下，如何激发企业的创造活力，使其具有创新的主动性、自觉性？各地必须遵循当地企业发展的实际，对症下药，才能在新旧动能转换中找准正确的路子，迈开坚实的步子。青州市既有久负盛名的传统机械制造群，又有势如破竹的新兴技术型企业；传统产业提质效、新兴产业提规模着着实实地摆在政府和企业面前。因势而动，因创而能，青州人骨子里的超前意识、实干精神在动能转换的大潮中自然而然地生发出求生奋击的本能，形成了独特的“青州现象”，建构起生机盎然的创新生态，对其他地区结合本地实际完成动能转换的快速造势、及早见效颇具借鉴意义。

一、青州市打造企业创新生态的经验

青州市打造企业创新生态的主要经验有：

(一)超前看，形成充满活力的企业创新生态

在调研中发现，青州有一大批企业具有超前创新的眼光与能力，动能转换速度快，产品市场占位高，盈利能力强。仔细剖析每一个企业，创新的角度不一样，呈现出多元化的状态，在当地形成一种独特的多元创新生态现象。

1.先进管理理念驱动企业创新

建富齿轮是齿轮行业的龙头企业，卡车齿轮产能全球最大，生产智能化水平在全国乃至全球都比较超前。总经理张建富是市工商联副主席，是一位有着精彩创业经历又极具个人魅力的企业家。他非常注重企业文化建设，将创新看作一个企业家的性格展示，目的是让客户接受产品。客户接受产品其实也是在接受企业家这个人。企业家通过对厂区、办公区人性化的管理，将文化辐射到产品品质的管理，通过创新产品将自己的精神气质传达给客户，让客户接受自己的产品，也接受了企业家这个人。所以说企业家的性格是一种无形的产品，与企业的有形产品是气韵相通的，客户对产品的认可，也是对企业管理的认可，更是对企业家管理理念的认可。在这种理念的驱动下，企业自身会始终存在一种创新的紧迫感和危机感。早在国家提出

新旧动能转换之际，建富齿轮已经提前行动，投入2亿元创新开发资金进行设备改造，实现生产智能化。建富齿轮也因此发展成为同类产品的行业老大。

2.企二代“日日新”确保核心竞争力

苟日新，日日新，又日新，是华康生物科技的“企二代”总经理李林创新的典型写照。他是“80后”，子承父业。与上一辈学历低、秉承“小富即安”理念的企业家不同的是，他大学毕业，学历高，有活力，干劲强，创新意识浓。他将创新看作企业必须具备的核心竞争力，是每个企业家必做的“功课”。在他眼里，创新不只是说说、写写，而是要企业家带头身体力行。李林将主要精力花在对生产线的改造与创新上，努力使企业产品在行业内处于领先地位，超越行业标准。为了确保企业不间断地创新，实现短时间内的更新换代，他非常注重企业的专业性，自己能做的尽量自己去做，自己做不了的再提出相关概念、思路和设计院等机构合作，借助外部团队实现不断创新。在他的带领下，华康的麦芽糖生产线提纯度飞升，2018年的生产线产能由上一年的每天80吨上升到每天260吨，产能翻倍。如今，华康生物科技的产能已经是全国最高，且供不应求。

3.跨界融合创新形成新业态

华龙农业装备股份有限公司前身是青州市电机厂，在新旧动能转换之前，企业高层敏锐认识到，伴随老龄化社会的到来，从事农业的人口日益减少，会出现大量土地闲置，必定能实现规模化生产以及农业机械化、智能化。对于蔬菜生产加工而言，中国蔬菜智能化还没有完全实现，“蔬菜智能化”项目因此也成为“十三五”规划重点项目。公司因此快速转型，同山东农业大学、华南农业大学、青岛农业大学、贵州大学、内蒙古农牧业科学院等科研院所合作，以团队形式多次承担国家重点项目，致力于实现蔬菜耕、种、管、收等流程的机械智能化。公司也一跃成为山东省综合经济实力50强企业和山东省机械行业重点骨干企业。

（二）务实干，打造精简高效的政务生态

打造精简高效的政务生态，是促进企业创新的重要条件。

1.建立新型政商关系

要夯实动能转换的支撑，必须构建“亲”“清”的新型政商关系，其中关键的一层是官员与企业家之间的关系。青州市委、市政府对这一关系作出自己独特的注解。一是开展政企竞赛,建立良性"竞争"关系。市委、市政府提出政府服务创新与企业技术创新共同赛跑、相互竞争的口号。市政府为企业创新打造各种服务平台,提出"一企一技术"的发展战略,鼓励企业家开展自主创新和技术研发,加大科技投入,产学研联合,大力发展高新技术产业。在鼓励企业家技术创新加速度的同时,市委、市政府号召全市各级机关要抬起头,瞪起眼,撸起袖子,甩开膀子,卷起裤腿,穿上靴子,加油干,和时间赛跑,和优秀企业家赛跑。这意味着政府和企业在新旧动能转换中不仅都要加强效率意识,而且还要看谁做得更实、更快。二是互相承诺,建立良性合作关系。市委、市政府号召各级领导干部要时刻反思能为企业做什么。政府在兑现自己承诺的基础上,企业要兑现对政府和社会的承诺。政府为企业做了什么,企业又为政府做了什么,企业要学会角色互换。在招商方面,政府要做到招商有情怀,要考虑企业的综合商务成本,从当地优势,从感情,从对方出发。企业落地要事先考虑地方适不适合本企业的发展,分析配套措施的总成本是大是小,分析营销环境。三是正面引导,提升企业家的政治意识。引导企业家队伍要讲政治,讲政策,听党的话,支持政府工作,改变传统企业家只重经济不重政治的氛围。政府引导企业家紧跟政府脚步,解读政府政策。企业跟好政府,和政府赛跑,肯定是对发展有益的。

2.巧打揽才"乡情"牌

各地为推动动能转换,非常重视人才的支撑作用,各出大招、狠招,进行招才、揽才。比如,许多地方都相继出台了"千人计划""万人计划",但效果千差万别。因为相对于省、市一级来讲,县级单位在引才方面有诸多的不利因素。青州市从自己的实际出发,提出"乡情感召凤还巢"的引才理念,着重从各地引进、利用青州籍人才,吸引他们回乡创业。只要他们有回乡创业的意愿,一对一地为他们量身打造柔性的引进计划,为他们在青州居住、创新、创业提供优良的环境。市政府高标准建设青州"千人计划"产业园,已落户科而泰重工、耐威智能航空、德骏电磁驱动3个"千人计划"项目。同时,国家机器人工程研究中心曲道奎博士领衔的沈阳新松机器人有限公司与青州合作建设的新松(青州)工程技术中心项目、山东大学朱波教授领军的山大碳纤维研究中心青州分中心项目也已落户"千人计划"产业园。

(三)优化共享共创的行业生态

青州是国内液压工程机械制造生产的主要基地之一,具有良好的产业优势、技术和人才优势,成为本地支柱产业。为了引导企业注重品种研发和市场研判,引导行业有序发展,在青州市委、市政府的支持下,成立了青州市液压机械行业协会,当时有21家企业倡议发起,目前已发展到80多家。液压机械行业协会平台建设成为产业集群发展的平台保障。

一是以液压机械行业协会网站平台作为对外宣传的窗口。通过重点推荐品牌企业、品牌产品,公布协会成员诚信企业名单等措施,引导企业提高产品质量,加快产品研发和升级,进一步扩大市场占有率。

二是培育龙头品牌企业和创建名牌产品,提升青州液压机械产业集群的原动力。选择发展实力强、企业规模大、产品市场占有率高的企业作为龙头企业进行重点扶持培育。以卡特彼勒(青州)有限公司、山东欧泰隆重工有限公司等十几家大型骨干主机厂为重点,拉长产业链条,带动了行业内中小企业的发展。引导企业开展争创优质产品活动、筛选产品形成系列产品品牌,由政府部门和行业协会举行新闻发布会和大型宣传活动,确保过硬的品牌质量产品对接主机厂。①

二、启示

青州市的成功实践可给予我们诸多启示。

(一)文化“能”起来

创新生态的生成要有适宜的土壤、气候、阳光、水分,使科技的种子成长为参天大树,再形成茂密的森林。如何让这些创新要素有机地融合为一体,需要区域文化发挥作用。文化最大的特质就是具有极强的渗透性、持久性,像空气一样无时不在、无处不在,时时处处作用于社会经济发展和人们的日常生活。青州市之所以能够成为百强县,是因为有大量敢于超前、敢为人先的创新型企业在。而这一地域为什么存在这么多类型的创新企业以至于形成一种典型的多元创新生态?是因为其独特的地域文化,自强不息、务实进取一直是青州的文化精神追求。宋代《舆地记》评说青州“英雄豪杰之士甲

① 参见《山东青州全力打造工程机械产业集群》,中国工业新闻网,http://www.cinn.cn/zbgy/gcjx/201805/t20180522_187991.html,2018年5月22日。

于京东，文物彬彬而豪悍之习自若”[①]。另外，青州人自古就有好客广纳的“泱泱大国之风”，是当地文化中的核心价值理念。青州的企业家敢闯、敢试、敢干，又非常务实包容，这些精神特质正是对当地文化的有效继承，这些精神特质恰恰对企业创新生态的形成有潜在的支撑作用。延伸开来看，在山东的整个齐文化区域都存在这种文化特质，这也从深层次指明了青、烟、潍、淄这一区域经济活力较强和创新型企业比较多的原因，说明了这一区域政府敢拼敢干、实实在在为企业服务的根本所在。这种文化特质是最能激发动能转换、形成创新聚势的生态“黏合剂”。因此，山东省新旧动能转换要一年起势，三年见效，五年铸剑成范，不能不深入挖掘齐鲁文化中支撑创新生态形成的精神因素，必须大力宣扬齐文化中重商、重勇，敢试、敢闯，求实、求真的价值观。

（二）主体“换”过来

齐文化中也存在重功利、弥侈的糟粕。《汉书》论及齐国时称：“其俗弥侈，织作冰纨绮绣纯丽之物，号为冠带衣履天下。”[②]讲究吃喝、讲究穿戴、讲究摆设、讲究享乐、不思进取的企业家也大有人在。相对于“企一代”“创一代”，“企二代”既受齐文化精华的熏陶，又受过良好的现代教育，具有坚实的经济基础、敢打敢上的冲劲，更容易接棒企业创新，但不足的地方是他们没有深厚的社会关系网络，社会经验不足，创新资源缺乏。各地政府必须充分重视这一群体，并为其创造创新创业的平台，提供创新创业的激励机制，使其脱颖而出，尽快成为企业创新的生力军，新旧动能转换的先头军，引领经济发展的主力军。

（三）政府“转”起来

综观南方诸省，政府无不在俯身当一个勤快的“店小二”，同企业比效率，比服务，比创新。浙江杭州的“只跑一次”行政审批效率已经超过企业内部的审批效率。对于山东省的各级政府来说，在动能转换的大势下，必须立即行动起来，跑起来，快起来，不只是超越自我，而且要通过职能转换，同企业对标，同企业的效率比，要超越企业，要为企业提供优质的服务。青州市

---

① 《青州府志》(18卷)，卷6，明嘉靖刻本。

② 《汉书·地理志下》。

委、市政府观念向前，政策向实，办事向信，不仅在“亲”“清”政商关系打造上有了自己独特的注解，更为重要的是敢于同企业比效率、比服务、比创新的竞争韧性与合作理性更值得仿效。无论是对于激发内在的转换动力，还是引进新的创新创业机制，各级各部门不虚妄夸大自己，不急功近利，而是从县域经济的实际出发，从合作伙伴的实际出发，招商、揽才、引资，件件有着落，事事见实效，步步有精彩。

（四）行会“动”起来

关于社会组织在动能转换和企业创新生态生成中的作用，许多地方说起来重要，抓起来次要，干起来不要，有的地方甚至将社会组织当作“绊脚石”来看待。青州在动能转换中重视行会、商会等社会组织的作用，在引导企业创新方面尝到了一定的甜头。但在实际工作中也发现，由于社会组织的发育度不高，重视程度不够，社会行动力不强，因此在行业资源融合、行业利益维护、行业标准制定、行业整体突围、技术创新、社会资本交流等各个方面并没有发挥出应有的作用。缺少行会、商会等社会组织的支撑，青州市一些传统有优势的产业被外省蚕食。特别是在融资贷款方面，由于各个企业没有行业组织的保护，没有在行业内部凝聚金融资源，更多企业贷款只能仰仗银行，只能依赖于政府有限的过桥资金，或依靠企业之间的联保，这种脆弱的担保体系，导致破产一个，拉倒一片。青州本地也因此出现了因一个企业资不抵贷，导致其他联保企业受牵连的情况。这都是行业内部没有形成有效互帮互助机制的必然结果。而在广东，行会组织推动企业动能转换、创新的事例较多。当然在南方一些地方，因行会内部利益分配不均导致整个行业“鸡犬不相闻”的情况也有，但这不能否认商会、行会等社会组织在动能转换以及创新生态形成中的介质作用。各级政府要因地制宜，引导具备条件的行业产业建立起相应的行会组织，并大胆赋予其相应权能，出台有效政策激发其活力，使它们尽快行动起来，发挥自身维护行业利益、凝聚行业资源、化解企业创新难题的巧手作用。

第七节　传统品牌激发新动能——东阿阿胶集团的做法与启示

实施乡村振兴战略，是党的十九大作出的重大决策部署，是新时代“三农”工作的总抓手。2018年6月12～14日，习近平总书记在视察山东时，要求山东省扎实实施乡村振兴战略，打造乡村振兴的齐鲁样板。实现乡村振兴，产业兴旺是重点。如何立足山东实际，构建农业产业发展的新优势，培育产业兴旺的新动能，是破解山东农业传统产业优势日渐势弱，发展动能日显不足局面的关键所在。东阿阿胶集团立足山东实际，紧紧围绕农业供给侧改革，以阿胶融合一、二、三产业，持续推进“三链重构”，在培育壮大乡村振兴新动能方面探索出了一条新路子。

一、主要做法

东阿阿胶集团把握新时代人民日益增长的美好生活需要和不平衡不充分的发展之间的矛盾新变化，提出“把毛驴当药材养”的新理念，以养殖“闭环的驴”为抓手，拉长产业链条，让养殖户分享增值收益，推进养驴产业步入良性循环发展轨道。广大养殖户评价说：“一头毛驴就是一个小银行，养一头毛驴相当于多种两亩地。”

（一）依靠培育的七大体系，建基地、扩规模、连农户、促环保

围绕发展壮大毛驴养殖产业，东阿阿胶集团主要抓了七大体系建设。

一是建立研发平台体系，强化技术创新。东阿阿胶倡导“创新是最好的传承”理念，把创新作为企业发展动力的源头活水，着力提升研发能力和智能化水平。先后投资约10亿元建设研发平台，建立了国家级企业技术中心、院士工作站、博士后科研工作站。力践产学研合作，联合攻关策略，组建了一支200多人的技术创新团队，与多所高校、科研院所及国际知名机构建立了长期稳定的合作关系，研发并制定了繁殖、饲喂、运输、管理等各环节在内的一系列技术标准；拥有发明专利345项，开发上市基因工程药物3个以及阿胶＋叶酸、阿胶燕麦汁等新产品。此外，还全面对标德国“工业4.0”，打造智能化工厂，实施了自动上料、自动灯检和机器人码垛等23项技术改造，建成国内首个中药行业智慧工厂。[①]

二是建立养殖基地体系，提高规模效益。东阿阿胶在全国建立养殖示范基地20个，在山东打造百万头毛驴基地，在聊城建设万头黑毛驴繁育场

---

① 参见刘馨蔚：《加快新旧动能转换步伐——德国工业4.0走进山东东阿》，《中国贸易报》2018年7月26日。

1个。目前，聊城市规模化养殖场达到176家，总存栏量近10万头，成为名副其实的中国规模化养驴第一市。

三是建立服务保障体系，密切利益联结。东阿阿胶对毛驴初养合作社和养驴户提供保姆式服务，提供良种或驴驹，帮助销售驴驹或成驴。免费为养驴场(户)提供养殖和繁育等技术培训指导，编写了国内第一本《黑毛驴养殖技术手册》，免费发放数量近万册，为实施规模化养殖提供技术保障。

四是建立金融支持体系，破解资金瓶颈。探索出“政府＋龙头企业＋银行＋基地＋合作社＋农户”的发展模式，配合潍坊银行等创新实施了“质押”贷款模式，解决养殖场(户)贷款难、担保难等问题，盘活产业发展资金链。为降低广大养驴场(户)养殖风险，积极探索养驴保险赔付模式，与中华保险、中国人保等沟通合作，开展养驴保险业务，驴驹保费60元/头、保额4000元/头，母驴保费150元/头、保额10000元/头。

五是建立购销协调体系，降低市场风险。为应对复杂的市场环境，东阿阿胶推动成立了国内第一个黑毛驴产业发展联盟。阿胶公司、养殖场、金融机构、大专院校等各方加强联系，充分利用信息网络技术打造数据平台，及时掌握毛驴出栏、补栏数据，形成合力，统一调度，避免恶性竞争。东阿阿胶与规模化养殖场签订合作协议，按保护价收购驴驹或成驴。

六是建立养驴扶贫体系，履行社会责任。东阿阿胶积极响应党中央打赢脱贫攻坚战的号召，2016年与聊城市重点推进的100个扶贫养驴场合作，出资4500万元支持驴舍建设，帮助采购驴驹2.5万头，按保护价回收成驴，帮助脱贫3000多户。

七是建立清洁能源供应体系，推行绿色生产。东阿阿胶建设了光伏发电项目和能源管理中心，年节电300万千瓦时、节汽1万吨、减排二氧化碳3万多吨。研发驴皮加工密闭、清洁、自动操作一体化技术，生产效率提高40%，节水32%、节能44%。2017年，平均产值综合能耗0.0206吨标准煤/万元，仅为我国中药饮片加工业标准的5.2%、中成药制药业标准的3.1%。

(二)依靠品牌推动跨界融合，延伸农民增收产业链

东阿阿胶先后投资10亿元，建设驴粮厂、交易市场、屠宰场、驴奶粉厂等项目，构建覆盖饲料、养殖、交易、屠宰、深加工的产业链，推进研发、繁育、加工、互联网交易互相融合，提高综合效益，帮助群众增加收入。

一是推进深加工与餐饮业融合。开发驴肉休闲食品、生鲜分级分割产品、“康硒”冻干驴奶粉、驴肉冻卷等新产品。每头毛驴的价值可达 5 万元以上，综合价值可提升 6 倍，综合收益达 1.2 万元。当前，驴肉特色餐饮发展如火如荼，一头驴的驴肉做成驴肉包子价值近 1 万元，加工成驴肉干价值 1.2 万元，驴肉包、驴肉火烧、驴肉汉堡结合优质小麦面粉，正在打造全国特色名吃。“黑驴王子”火锅将一头驴的驴肉价值提升至 2 万元，加盟店已发展到 150 多家。一头母驴年产鲜奶可达 120 公斤、价值 3600 元，加工成“康硒”冻干奶粉价值 1.5 万元。

二是加快推进养驴服务与互联网融合。东阿阿胶投资建设中国毛驴交易所，是国内唯一一个养驴线上线下交易信息化平台，可实时掌握养殖和交易数据，为产业发展提供信息以及“买好驴、养好驴、好养驴、好卖驴”专业化服务，推动驴产业向智慧化转型升级。已在线交易 25.1 万头，交易额达 24.8 亿元。

三是推进繁育养殖与现代科技融合。东阿阿胶投资 2 亿元，建设了东阿黑毛驴繁育中心和全球唯一的黑毛驴冻精生产中心。联合华大基因、山东省农科院启动了世界首例毛驴全基因组测序，开展比较基因组、功能基因组研究。与国家驴产业技术创新联盟合作，制定驴产业山东省地方标准 3 项。组织召开了 3 届中国驴业发展大会、7 届驴产业发展高峰论坛，组建了国际驴产业技术创新联盟。

四是推进毛驴产业与体验旅游业融合。全力打造“阿胶世界”国家 5A 级旅游景区，发展百万游客特色旅游产业链。“阿胶世界”主要包括按国家 5A 级工业旅游标准建设的“三园两馆”——东阿阿胶体验工厂、东阿阿胶城、黑毛驴主题乐园、中国阿胶博物馆、毛驴博物馆。东阿已成为全国重要的健康旅游目的地。随着“阿胶世界”有关项目陆续建成，阿胶文化体验之旅、滋补养生之旅越来越火，吃、住、行、游、购、娱等消费快速增长，有力拉动了全县特色旅游产业链发展。①

---

① 参见袁志威：《聊城畜牧创新扶贫＋旅游新模式　打造产业融合发展大格局》，大众网，http://liaocheng.dzwww.com/lcxw/201801/t20180104_16318298.htm，2018 年 1 月 4 日。

二、发展企业品牌动能的成效

东阿阿胶集团积极发展企业品牌动能，成效显著。

(一)推动了产业融合高质量发展

东阿阿胶坚持三产融合发展，着力构建全产业链。上游，坚持“把毛驴当药材养”，研究开发驴奶、孕驴血、驴胎盘的营养和药用价值，构建毛驴产业链。毛驴产业链持续健康发展，有力推动了当地种植业、畜牧业结构转型升级，为乡村振兴战略实施增添新的动能。中游，用极致品质打造最地道最好的阿胶类产品。下游，打造体验旅游新模式，以工厂为舞台，产品为道具，消费者体验为核心，创造值得回忆、令人难忘的体验活动。2017 年东阿县接待游客 200 万人次，实现旅游收入 10 亿元。当前，东阿毛驴全产业链产业园被列为《山东省新旧动能转换重大工程实施规划》现代高效农业建设的重点内容，东阿阿胶产业康养体验建设项目被纳入山东省新旧动能转换重点项目库，其中“阿胶世界”入选国家首批中医药健康旅游示范基地名单。

(二)扩大了农民脱贫致富的路径

东阿阿胶一直坚持企业发展与精准扶贫相结合，全市驴产业已带动 1.15 万人脱贫，养驴扶贫成为聊城市精准扶贫的“拳头产品”。近年来，东阿阿胶投入 2 亿多元，带动社会投资 15 亿元，帮助全国养驴户增收 180 亿元，惠及 7 省 22 县 6 万多人，被国务院扶贫办确定为产业精准脱贫试点推广模式，2017 年荣获“全国扶贫攻坚奖奉献奖”。①

(三)创造了越来越多的就业岗位

据估算，东阿县养驴产业带动就业几千人，其中规模养殖场用工达到 700 余人，吸引技术服务人员新增就业 500 余人；同时，乡村旅游促进了餐饮住宿服务业持续健康发展。“十三五”旅游项目全部建成后，东阿县新增就业 5000 多人。

(四)增加了地方财税收入

东阿毛驴产业已成为东阿县的特色亮点产业和推动东阿经济发展的新引擎。东阿阿胶 2018 年缴税 9.6 亿元，占全县税收的近一半，其中企业所得

---

① 参见《东阿阿胶：以养驴扶贫助力乡村振兴战略实施》，中国经济网，http://12365.ce.cn/zlpd/jsxx/201804/27/t20180427_6339724.shtml，2018 年 4 月 27 日。

税占全县的63%。

三、几点启示

东阿阿胶集团激发传统品牌新动能，给我们许多有益启示。

（一）利用企业品牌势能，打造乡村振兴的新引擎

当前，依托大型骨干企业的优势地位，发挥其在农村资源整合、要素整合、市场凝聚中的龙头作用，帮助解决乡村产业发展中遇到的诸多难题，并带动更多工商资本、社会资本的关注和投入，吸引资源集聚，提升产业链，打造价值链，完善利益链，是实现乡村振兴的重要方式和途径。因此，要充分发挥和利用龙头企业在乡村振兴产业兴旺中的载体、平台作用及品牌势能，在完善城乡分工协作方面打造有特色可复制的样板，带动农业农村产业高质量发展。

（二）发挥特色产业优势，因地制宜挖掘区域发展潜能

阿胶是中药“瑰宝”，诞生在东阿，因东阿而得名，是东阿的特色产业，也是东阿的城市名片。东阿确立了建设“阿胶名城，生态强县”的发展目标，以东阿阿胶为龙头，大力发展阿胶产业，带动毛驴产业和旅游业发展；发扬阿胶中医药健康养生文化，以体验旅游贯穿一、二、三产业，以产业融合促进城乡融合，创造“一个产业一座城”的效应。因此，推进乡村振兴应该立足当地资源禀赋，发挥优势，挖掘潜能，顺势而为，找到发展方向，明确产业定位，避免盲目跟风、一哄而上、同质化竞争。

（三）创新政策支持体系，形成推进产业发展的合力

为推动养驴产业发展，聊城市专门印发了养驴产业发展的实施意见，对规模化养驴示范场进行建场补贴，并成立金融扶贫担保公司，为参与扶贫的养驴场（户）开展金融担保服务。各县（市、区）在建场用地、手续审批、道路交通等环节都积极支持养驴产业发展。因此，推动乡村产业发展，必须统一思想，搞好顶层设计，建立推进机制，各级各部门协调联动、形成合力，才能打造支持产业发展的良好环境。

（四）加强科技人才培训，推动新型农民队伍建设

在乡村产业发展中，人才缺乏、技术跟不上是一个明显短板。东阿县规模养殖场也遇到了这样的问题。为此，东阿阿胶集团迅速采取措施，与东阿

县60户规模养殖场开展一对一帮扶活动，切实提升养殖场的管理和技术水平，帮助养殖场提高效益。人才振兴是乡村振兴的重要内容，必须加强乡村人才队伍建设，既要做好人才"输血"的文章，更要做好人才"造血"的文章，培养壮大一支懂农民、爱农业、爱农村，既有专业技术又有新发展理念的人才队伍。

第八节　山东广饶"互联网＋工业"助推新旧动能转换的做法与启示

当前，信息经济作为一种新的经济形态，已成为我国国民经济增长最快的领域，成为带动新兴产业发展、推动供给侧改革、促进就业和经济增长的主导力量，也正成为转型升级的重要驱动力。山东省广饶县通过推广基于互联网的新型制造模式和营销模式，推动工业转型升级、提质增效，工业数字化、网络化、智能化水平不断提升，在推进智能制造、网络化协同制造、商业模式创新等方面的探索值得研究借鉴。

一、主要做法

2017年4月18日，李克强在北京主持召开"贯彻新发展理念　培育发展新动能"座谈会上指出：新动能覆盖一、二、三产业，重点是以技术创新为引领，以新技术、新产业、新业态、新模式为核心，以知识、技术、信息、数据等新生产要素为支撑，体现了新生产力发展趋势，是实体经济发展升级的强大动力。广饶县的经验是：注重运用好新一代信息技术提升制造业技术水平，将信息技术嵌入、集成到生产过程中，改变从产品到产业链的制造全流程，提高产品附加值，迈向价值链的高端。

（一）运用信息技术改造提升传统产业，实现"老树发新枝"

广饶县通过不断推进信息技术在各生产工序的深度应用，实现研发设计数字化、生产制造智能化、企业管理平台化，信息技术应用逐步由单项覆盖向集成创新阶段迈进。

一是研发设计数字化。数字化设计与制造是智能制造的关键技术。数字化设计与制造不仅是基础，而且是智能制造的关键技术基础。以橡胶轮胎行业为例，广饶县内多数橡胶轮胎企业从模型设计到模拟分析已全部依靠软件来完成，并建立了轮胎花纹库，研发设计基本实现了全程数字化。比如，永泰集团(东营)通过运用 AUTO、CAD、CATIA 等软件设计出轮胎样本，用 UG 软件进行三维造型，采用国内领先的轮胎 MSC 仿真软件进行模拟分析。通过研发设计数字化，企业在产品设计时就考虑到产品制造，并行进行建模与仿真，进而大大缩短了研发周期，降低了研发成本，更好、更快、更符合用户需求地制造出创新产品。通过研发设计数字化，企业还可以整合企业管理资源，建立从企业供应决策到企业内部技术、工艺、制造和管理部门，再到用户之间的信息集成系统，最终实现企业与外界的信息流、物流和资金流的顺畅传递，从而有效地提高了企业的市场反应速度和产品开发速度，确保企业在竞争中取得优势。[①]

二是生产制造智能化。恒宇科技、金宇轮胎、国风橡塑、永泰橡胶等县内半数以上橡胶轮胎企业实施了 MES 系统项目。金宇轮胎通过原材料系统、APS 智能排产系统、MES 管控系统和 RFID 射频识别系统，完成了子午胎全管控平台建设。2015 年，华泰纸业与德国福伊特集团签署战略合作协议，将"造纸 4.0"技术引入造纸生产，共建具有国际领先水平的造纸研发中心。生产制造智能化帮助县内传统产业实现了生产制造与市场多样化需求之间的动态匹配，增加产出、减少消耗、提高品质，大幅提高了劳动生产率。具有世界一流纺织设备的澳亚纺织，对纺织品质量实现了实时控制，疵布率下降 3%，入库一等品率始终保持在 99%以上，每月增加 16 万米产量，增加效益约 42 万元。此外，万迪诺、万通模具、汇丰汽配等企业投入巨资从韩国、日本等国家引进了高精细度的数控机床；正宇车轮从德国、我国台湾地区等引进先进的车轮生产线；金泰集团与山东理工大学合作筹备建设机器人和机械手项目，有效提升了企业装备技术水平。

三是企业管理平台化。县内橡胶轮胎企业通过采用 ERP 软件，实现了物流、资金流、信息流的统一管理和共享。比如，恒宇科技通过应用 ERP 系统，交货率提高 10%，资金周转率提高 8%，存货周转率提高 10%，发运效率提高 50%，库存资金占用率降低 12%，采购成本降低 5%～15%，管理成本

① 参见李学威、杜振军:《新松——引领工业机器人发展》,《机器人技术与应用》2013 年第 2 期。

降低 20%。华泰集团通过建立集团信息化管控体系,实现了产品设计与制造集成、管理与控制集成、产供销集成、财务与业务集成、产业链企业业务系统信息实时交互,各业务板块间无缝衔接,确保信息及时、透明、共享、对称。集团物流、资金流、信息流集成率达到 90%,管理效率平均提高 25%,管理成本平均节约 9%,产品实时库存准确率达 99.5%,库存资金占用率降低 12%,资金周转率和存货周转率提高 10%以上,每年为集团创效 5000 余万元。此外,信义集团、金泰集团、金山汽配、正掌车轮等汽车配件企业建立了协同办公系统(OA),涵盖了企业日常行政办公的全流程,大大提高了企业的工作效率。

(二)运用互联网创新商业模式,拓展市场空间

当前,借助互联网,线上线下融合发展已成为引领新经济发展的主导力量。一方面,互联网企业积极向线下渗透;另一方面,传统企业也积极向线上转型,凸显了线上线下融合发展的趋势。广饶县通过搭建电商平台、进军长尾市场等举措促进产业链条的扁平化,实现供需的直接对接。

一是搭建电商平台。互联网打通了线上线下的联动,推动闲置资产的合理再利用,颠覆了传统业务形态下的增量模式,开启了“使用但不占有”的存量开发模式,深刻改变了传统业务形态。企业创新方式也由过去封闭模式转变为开放模式。皓宇橡胶借力互联网,打造了全国第一家专业橡胶轮胎电商平台——“胎大王”,2015 年 5 月正式上线。截至 2016 年年底,该平台已签订 20 款个性化定制轮胎协议,为 7 家企业提供订制化服务,已注册会员 1139 家,订单总额 5160 多万元。2015 年 1 月,“胎智汇”轮胎车轮汽配电商交易平台正式上线运营,这是国内首家 C2B(即消费者到企业)橡胶轮胎及汽车配件电商交易平台。“胎智汇”首创 Topic(话题)行业商圈模式,聚合名优生产企业、经销商、用户及行业上下游生产销售服务供应商,协助加盟企商招商,实现多渠道销售。通过搭建电商平台,企业拓展了发展的时空,提升了全方位展示产品及服务的优势,密切了与用户的关系,减少了库存和中间环节,降低了交易成本。[①]

二是进军长尾市场。互联网让满足用户个性化需求成为可能,小众需

① 参见《东营轮胎开启求变之路》,搜狐网,https://www.sohu.com/a/100314363_119700,2016 年 7 月 1 日。

求、用户体验、产品口碑等日益成为企业经营的重点，免费模式成为企业扩张用户的重要手段。2014年，正和集团、华星集团全面启动电商模式，通过深圳石油化工交易所、厦门石油交易中心、阿里巴巴、微信商城以及渤海商品交易所等平台试水电商经营，分别建立了各自专属的电商平台，实现了客户自助下单、自助进场、自助制卡、自助装货。截至2015年年底，两家企业共发展电商会员1737家，线上销售产品217.35万吨，平均电商新客户占比40.52%，复购率达60%，达成交易额76.9亿元。借助互联网，把个性化、差异化、零散的小众需求累加起来，形成了一个比传统市场更为庞大的市场，为传统企业转型升级开辟了一片“新绿洲”。

二、借鉴与启示

当前，山东省正在加速推动新旧动能的转换，我们应认识到，传统经济发展的痛点，可能恰恰是信息经济发展的热点，传统产业发展的困难，也许正是信息产业发展的机遇。[①] 针对广饶县借助“互联网＋工业”助推新旧动能转换的一些做法和存在的一些问题，提出如下几点建议，以期对全省工作有所参考或借鉴。

（一）以大数据、云计算等信息技术应用为支点，实现传统动能转型

智能制造已成为我国新旧动能转换的新引擎。通过智能制造，可降低研发成本、缩短研发周期，使企业更好适应市场；同时可增加产出、减少消耗、提高品质，大幅提高劳动生产率。对此，应鼓励省内“两化”融合基础较好的骨干企业，在建设自动化生产线、数字化车间等的基础上，将大数据、云计算、移动互联网、人工智能等信息技术的最新成果应用于产品创意、研发、设计、生产、供销、物流、售后、再利用等整个生命周期，综合运用制造执行系统（MES）、企业资源计划（ERP）、产品生命周期管理等先进技术手段，积极提高各环节信息化水平及衔接能力，实现研发、设计、工艺、制造、质控、物流、服务、管理、决策等全过程的集成优化。通过互联网，实现企业内外价值链全部数据化，对业务、组织进行彻底信息化改造，提升“互联网＋工业”的融合水平。在此基础上，整合全省企业资源，共建共享，最终构建全省综合

① 参见鲁春丛：《发展信息经济　促进新旧动能转换》，《世界电信》2016年第3期。

互联网信息平台，推进全省制造、服务、管理的协同创新发展。

(二)以培育新业态、新模式电子商务应用为突破口，为传统产业注入新动能

新技术、新产业、新模式、新业态对经济的渗透、融合会不断激发新的动能。我们既要培育发展前景广阔的新兴产业，又要促进社会生产力的整体跃升，促进产品和服务创新，实现更高水平上供需结构的匹配和优化。一是应支持省内工业企业加快电子商务发展。各地特别要抓好本地区主导产业的电子商务发展，建立企业电子商务网站。鼓励有条件的企业开展电子商务，引导企业充分利用第三方电子商务平台开设旗舰店、专卖店，开拓网络零售渠道，实现传统营销和网上营销有机融合。二是加强平台建设。鼓励有实力的企业打造有自身特色的电子商务平台，通过自建或合作建设行业专业化电商平台，扩大产品和服务的知名度和影响力。同时，依托优势产业，引导行业企业积极入驻本地区特色产业带，提升企业竞争力，拓展企业发展空间。

(三)以补齐短板、营造氛围为抓手，进一步释放“互联网＋工业”的新动能

一是加大引导支持力度。统筹利用省工业转型升级的机遇，综合运用贷款贴息、保险补偿、购买服务等方式，支持智能制造、智能装备、云计算、大数据、众创平台、产业载体等重点项目建设。二是开展试点示范。通过开展全省“互联网＋工业”新旧动能转换试点示范，培育各行业发展典型，让更多企业直观地看到“互联网＋工业”带来的新旧动能转换的实际效果。加强企业间电子商务交流合作，相互借鉴“互联网＋工业”新旧动能转换的成功经验。三是提高认识水平。有关省直部门在省内工业企业和国内知名互联网企业间牵线搭桥，鼓励传统企业与互联网企业建立信息咨询等合作机制，促进双方深入交流合作。加强对传统行业人才特别是高层管理人员的互联网技能培训，引导传统企业对互联网形成深刻认识。四是加大人才引进力度。充分利用山东省现有高层次人才引进等优惠政策，引进一批“互联网＋工业”领域高端人才，鼓励他们到基层去、到生产一线去。同时，进一步完善政策制度，形成有利于吸引人才的激励和保障机制，吸引互联网领域特殊人才、紧缺人才在基层和生产一线从事创业创新和教学科研等活动。

(四)以深化改革、转变政府职能为催化剂,大力推进新旧动能转换

为更好适应信息经济成长特点,应完善新业态、新产业等标准,探索建立既有"安全阀"和"红线"又能包容创新发展的审慎监管体制机制,使"互联网+"这种新动能健康成长。应重点研究和解决好以下几个方面的问题:

一是政策方面的问题。一要统筹好线上和线下政策。一些既有政策的适用范围仅限于线下实体,还无法满足当前线上线下融合发展的新趋势。二要统筹好政府与市场的关系。某些领域单靠市场力量难以有效推动,如工业互联网、工业操作系统等,需要发挥集中力量办大事的体制机制方面的优势,加强政府引导,推动政、产、学、研通力合作,共同发展。三要统筹好统计和试点政策。现有统计体系难以适应制造业服务化和分享经济等方面的特点。针对这些问题,需要研究制定新兴产业、新兴业态、新商业模式下的经济增加值核算方法,建立健全与信息经济相关的统计分类标准。

二是法律方面的问题。随着信息经济的不断发展壮大,现有法律法规面临很多障碍,在行业执法监管方面,新业务、新模式同现有法律规定也存在一定的冲突。对新经济的监管不应强调事前准入,应采取较为包容的发展策略,如欧盟就将绝大部分"在线经济社会活动"纳入"信息社会服务"中,不要求企业事先取得经营许可。发展信息经济,需要以完善准入制度为目标,以负面清单为切入点,加强法律法规统筹安排。

三是监管方面的问题。信息经济的快速发展给现有的监管体制、监管方式、监管手段等带来巨大挑战,为应对新业态的发展必须做好监管统筹。一要推动包容监管。理性认识新业态与传统业态、制度之间可能产生的矛盾和冲突,采取"边发展、边治理"的包容监管原则。应避免教条式地套用旧的制度框架,采取分类监管的办法,为新业态的发展营造包容创新的环境。二要加强协同监管。传统分部门的垂直监管体系难以应对跨领域跨行业、线上与线下融合发展的趋势,必须加强各地区、各行业政府管理部门的合作与协同,明确线上和线下管理部门之间的职责和边界,推进政府部门之间的数据开放与共享,建立常态化的协同监管机制。三要强化平台企业责任。应充分发挥平台企业在信息经济中的治理主体作用,明确和落实平台企业的主体责任与权利,将政府治理与平台治理有机结合起来,形成政府、平台、

用户、社会机构等多方参与、共享共治的治理体系。[①]

第九节　鲁阳集团破除旧思想求新求变　实现技术跨越的做法和启示

2018年11月1日，习近平总书记在民营企业座谈会上提道：“长期以来，广大民营企业家以敢为人先的创新意识、锲而不舍的奋斗精神，组织带领千百万劳动者奋发努力、艰苦创业、不断创新。我国经济发展能够创造中国奇迹，民营经济功不可没！”以“四新”促“四化”离不开民营企业的参与。鲁阳公司始终不渝坚持“发展节能材料，造福人类社会，以卓越的节能产品助推人类与自然的和谐发展”的理念，坚持改革开放不动摇，坚持创新发展不动摇，争做新旧动能转换的先锋，为中国和世界的绿色环保可持续发展贡献力量。

一、主要做法

1984年在沂蒙老区沂源县的鲁山之阳、沂河岸边，沂源县耐火纤维厂成立，这便是日后成长为中国无机纤维材料行业领军企业的山东鲁阳节能材料股份有限公司的前身。鲁阳集团诞生、成长、发展的轨迹与改革开放同步，与改革开放一路同行。

（一）破除旧思想，自主开拓市场

建厂之初，由于摸不透生产工艺和技术，因此生产出来的商品质量并不是很稳定，计划经济时期的旧思想也导致了企业在国内缺少一个销售渠道，经营平平淡淡。

1986年1月，27岁的鹿成滨根据组织安排担任了厂长，他率先带领毕研海、张成田、高俊昌、盛新太等一群年轻人开始了一轮艰苦的科研创业历程。当时企业树立了“打铁尚需自身硬”“先练内功再谋发展”的战略性经营理念。首先，稳定专业人员队伍，强化对企业的管理。其次，革新科学技术和制造工艺，提升公司的产品质量。采取以上措施后，公司依旧没有能力进行

---

① 参见鲁春丛：《发展信息经济　促进新旧动能转换》，《世界电信》2016年第3期。

任何市场化的业务开拓。厂长鹿成滨另辟蹊径，利用自己对保温工程预算的深刻认识和专业了解，从《保温工程预算定额手册》中不断寻求和探索，找到中国油田油气管线保温这一专业领域。功夫不负有心人，经过多番努力与奔波周折，公司最终成功地自主开发了胜利油田的新型管线保温产品，打开了销路，并且通过“以安装代销售”的全新商业模式，为广大企业用户和普通消费者生活创造了更多的便利。短短两年，胜利油田的生产建设项目就已经从一个小规模项目做大为公司的“聚宝盆”，换来了公司的“第一桶金”。公司终于走出了困境，见到了曙光。

同时，为应对国家在物价管理上由双轨向单轨转变可能带来的物价波动，当时的鲁阳实业公司大胆地改革产品生产工艺，由之前传统的平板式水冷电弧炉改为新型夹角式加热电弧炉，成纤比随之提高至 70%，电耗也随之下降 80%；同时采用了以新型玻璃塑料为主要生产原料的新型玻璃纤维素加工制品和塑料加工工艺设备，彻底化解了生产企业所用生产原材料和能源价格的大幅波动可能带来的经济运营困难，企业的经济效益也因此实现了可持续稳步增加。

（二）*求新求变，实现技术跨越*

1990 年，鲁阳公司在鹿成滨等人的努力下已经取得了巨大的成功，但还仅仅是一个行业里的“小角色”“小跟班”。

这时，鲁阳公司通过市场调查发现，一种新型的干法耐火纤维塑料制品正在逐步发展成为广大用户心中的“宠儿”。当时，许多同行受到了物价上涨和市场份额下跌等因素影响，企业管理吃力，思想也变得更加保守，对这些新工艺、新设备也敬而远之。而鲁阳公司却认识到这是行业水平高低的一个重要分水岭，“小配角”很有可能会由此转变为“大主角”。该公司果断决定投资建设国内第一条 CBC-I 型连熔式冲压针刺毯生产线。自此，鲁阳的耐火材料发展历程再次翻开崭新的一页，实现了从传统的湿法制品向先进的干法制品的转变，在短短不到半年的时间里就迅速占据了市场的竞争主动权，成为国内耐火材料领域的一匹“黑马”。

1991～1995 年，是鲁阳公司脱胎换骨、化蛹为蝶的 5 年。公司准确地瞄准国际一流的技术标准，大刀阔斧地对企业内部进行了生产装备与技术产品的升级换代，率先对企业进行了资产股份制的改革，使其在短短的 5 年内，由一个在山东沂源名不见经传的私营小厂，一跃而上成为全国建筑耐火纤维材料工业生产行业的冠军。公司上下在“依靠科技求发展，立足市场求效益”的发展战略的指引下，勇于创新，自强不息，走上健康快速发展之路。

高科技为产品带来了高附加值，也提高了新材料的国际市场竞争力。但鲁阳集团已不再只是满足于产品市场化的需要，而是加快了产业科技融资的步伐。在近年铝箔耐热玻璃钢、憎水珍珠岩等高新材料相继出现后，公司瞄准了一种具有业内一流生产品质的含锆（高锆）材料耐火纤维。

它是一种耐高温、具有非晶体耐火性的纤维，应用前景广阔，但此前一直从外国进口，国内大多数制造商因其研发困难而却步。1994 年，鲁阳公司自主设计，历时一年多，经过 100 多次的实验，最终生产出了一种可与其他同类产品相竞争的含氧化锆耐火材料。当时，兰化已被列为国家的重点项目，为了争取兰化毫秒炉的高温锅炉衬设合同，国内各大耐火纤维厂蜂拥而至。为了确保项目的质量，兰化公司决定选择公开招投标的方式。经过全国权威机构——洛阳耐火材料研究所认证，鲁阳公司的氧化锆产品无论是性能还是质量都已经达到或远远超过了国外的同类产品的生产水平，已经可以完全取代国内的进口产品。兰州石化项目成功中标后，该项新型产品再次顺利中标了全国三大聚氯乙烯基地下水改造项目，进入了更大规模的市场。

在这个时期，鲁阳公司接连成功实现了三次技术性的伟大跨越，从材料行业的一个“小学生”逐渐成长为整个行业的技术创新者，三次技术性财富积累更是为鲁阳未来的持续发展进步打下了坚实基础。到 1996 年，鲁阳公司已经凭借同行业产品产量第一、质量第一、品种第一、效益第一被国务院经济发展中心确认为“中国最大规模硅酸铝耐火纤维生产基地”。凭借良好的发展势头，鲁阳公司加快调整产品结构，提升企业竞争力。

随着 CBC-II 型连熔连续直甩和拉丝两条生产线的全部建成和正式投产，公司已经逐步发展成为国内唯一一家掌握冷热喷塑直吹、甩丝两种先进甩丝生产工艺的甩丝公司，产能跃居同行业第一。同时，为了积极推动市场战略创新，加快公司产品管理架构转型调整的步伐，公司陆续开发陶瓷纤维塑料纸、陶瓷纤维塑料纺织品等各类型的高附加值系列产品并全部投入市场，进一步增强了企业的核心竞争力。公司先后于上海、北京、沈阳、武汉等多个城市设立了新的营销服务部门，营销服务网络初步建立。1996 年，含锆

(高锆)的彩色陶瓷纤维布艺地毯被政府评为“国家级新产品”;由鹿成滨设计完成的《陶瓷纤维产品编码》成为国内陶瓷纤维地毯厂商广泛使用的编码标准。公司还引入了多种陶瓷纤维布的喷涂处理工艺和印刷装置。1997 年 5 月,获得外贸自营进出口权。1998 年,公司通过了国际中国船级社对于安全监督体系管理制度的严格认证。

此后,鲁阳的一个个技术领先的产品持续推出,将构想转化为现实。从 2000 年开始,陶瓷纤维纸、布、绳、皮带等各种高新技术产品陆续在国内试水,国内市场占有率已经达到 30%以上,30%以上的产品出口至美国、德国、日本、韩国、法国、比利时等 40 多个国家和地区,被日本三菱、美国通用等国际知名公司广泛采用。

但是,鲁阳并没有就此停下科技创新的脚步。2001～2005 年,鲁阳的陶瓷企业通过技术创新促使产业规模又迈上了一个新台阶。经由鲁阳陶瓷公司投资建成的陶瓷背光铝衬板研发生产线逐步发展壮大,成为国内第一条完全拥有自主知识产权的大型陶瓷纤维材料制品研发生产线;同时鲁阳陶瓷工业园只用 3 年的时间建成,实现了“再造一个新鲁阳”的企业愿景;充分利用鲁阳煤炭厂的煤炭工业废料进行高效、节能、环保原材料开发生产的企业愿景也已初步实现。

(三)借助资本的力量,成为亚洲第一

2006 年 3 月,鲁阳集团公司挂牌上市以后,凭借自身的优势,大力组织实施了国家科研企业技术生产能力优化提升建设项目,对主要产品品种和主要生产工艺设备部件进行全面的科研技术结构优化和生产设计技术改造,相继自主研发了新型硅酸镁材料产品、氧化铝型碳纤维等系列高端材料产品,生产能力从 2006 年的 4 万吨稳步提升至现在的 40 万吨,产品种类走向差异化的竞争优势更加明显,企业生产规模在亚洲领先,同类产品位居行业第一。

借助西部能源、原料、市场的资源优势,鲁阳公司先后在新疆、贵州、内蒙古投资建厂,实现了产能的快速扩张和效益的稳定增长。乘上市东风和利用“节能减排”政策,鲁阳公司在不断超越中追求着“建设百年企业,打造世界名牌”的梦想。2006 年,鲁阳股票在深交所挂牌交易,“鲁阳”商标荣获中国驰名商标;轻质莫来石耐火砖生产线建成投产。2007 年,荣获“中国名牌”“产品免检”和“重合同守信用企业”称号；公司技术中心被认定为省级技术中心，是国内同业第一家省级科研机构。2008 年，陶瓷纤维建筑隔热板荣获“国家重点新产品”称号，陶瓷纤维万吨生产线建成投产。2010 年，陶瓷纤维复合模块荣获“国家级新产品”称号。

从 20 世纪 80 年代单一的陶瓷纤维和硅酸铝纤维制品，到今天集陶瓷纤维、玄武岩纤维、硅酸镁纤维、可溶纤维、氧化铝纤维制品等于一体的“无机纤维博物馆”，鲁阳人凭借自己的科技创新力量，把一桩桩不可能的事情变成了现实。

（四）天花板是再次突破的机遇

要想建立自己产品的市场竞争优势，不仅需要具备科技优势，质量和管理也至关重要。在这方面，鲁阳始终都是行业发展的引领者。

鲁阳公司对产品的质量管理非常规范和严格。一次，广东某客户发现了产品质量问题，鹿成滨带领生产系统的负责同志去客户那里开现场会，行动之迅速令人称赞。鲁阳也在不断优化企业资源配置和不断拓展企业国际化眼界。自 2003 年以来，鲁阳公司努力打造资源当地化制造模式，拉近生产基地与市场的对接距离，形成了强有力的产业服务资源优势。先后于内蒙古、新疆、贵州、山东等地投资建立了多家全资子公司，形成了以东至山东鲁阳为首，北至内蒙古、南至贵州、西至新疆的四大主要工业生产研发基地，规模也在不断发展壮大，产能已经得到了持续性的增长。依托内蒙古鲁阳公司，已经累计建设了年投产万吨以上的针织毛刺毯的大型工业设备生产线 16 条，产能位居国内前列。这些子公司的成立，大大降低了产品的制造和生产费用，缩短了服务半径，形成了全新的市场价格优势。同时，鲁阳公司还致力于产品销售服务网络的构建，为广大用户提供全方位、定制化、系统一体的产品和服务。

为不断加大国际营销市场的推广投入，鲁阳商贸公司先后投资设立了国内市场代理营销机构、市场营销研究中心开发部和国外市场客户营销服务体系管理部，在印度、俄罗斯、巴西、美国、新加坡等多个国家分别投资设立了多家销售公司及直属办事处，形成了市场经销、代卖、直销多种营销服务方式相互交织的整套国际化市场销售服务网络。2014 年，鲁阳纤维公司与德国奇耐联合纤维公司签订了合作伙伴关系协议，为未来鲁阳纤维公司攀登新的行业高峰打下了坚实基础。改革开放40多年后的今天，中国正处于一个新的产业发展时期。在这个关键阶段，鲁阳公司也在积极探索建立自己的产品技术优势、产能和售后服务优势。

（五）在新挑战中开启新征程

深化改革和对外开放进程并非一蹴而就，鲁阳的发展也是一样，一些目标实现了，但更大的梦想仍在继续。自党中央首次提出要加快新旧动能的接续转化以来，鲁阳公司作为国家制造和销售节能环保建筑材料的行业领先者和龙头企业，积极适应市场发展中的各种新形势，加快结构调整的步伐，大力开展科技创新，在实施新旧动能的转化方面走在了行业的前列。公司把环保改造的升级发展提高到"一号工程"的水平，以壮士断腕的决心和毅力，不遗余力地对整个企业开展环保改造，每年用于环境污染综合治理的资金已经高达上千万元。2018年5月，年产2万吨以上窑炉专用整体保温模块项目和年产8万吨窑炉玄武岩建筑外墙保温板工程，一同被列入2018年山东省重点建设项目。这为鲁阳工业公司的健康快速发展注入新的发展活力。[①]

二、借鉴与启示

（一）牢牢抓住企业发展的"牛鼻子"——科技研发

在中国企业史上，1984年是一个特殊的年份，现今很多行业巨头如万科、海尔、联想等均诞生在这一年，后来，人们将之称为中国现代公司的创业元年。鲁阳公司前身——沂源县耐火纤维厂厂长鹿成滨，带领第一代创业者艰苦奋斗，拼搏奉献，成功开发胜利油田保温市场，使企业逐步走出困境，踏上新的征程。但鹿成滨清醒地认识到，要想站稳脚跟，在市场上有话语权，就必须有过硬的产品。而当时的企业只有一个车间，一个管壳保温产品，一条电弧炉生产线。于是他另辟蹊径，诚聘专家。享受国务院政府特殊津贴的耐火材料行业专家崔之开退休后来到公司，一直工作了20余年，为公司生产技术的改造提升作出了无可替代的贡献。电器专家张继申离开繁华的大上海来到沂蒙山区，为公司生产装备的自动化改造升级作出了重要贡

① 参见钟云华主编：《庆祝改革开放40年：中国建材创新人物创新企业》，中国建筑工业出版社2019年版，第49页。

献。还有很多技术专家在为公司的发展发光发热，奉献力量和智慧。企业要懂得与各大专业设计院所建立长期密切的合作关系，实现资源共享、相互借鉴、共创双赢的目标。

没有好的生产装备，就造不出好的产品，企业要果断决策，争取金融部门支持。大投入带来大产出，鲁阳集团由此实现国内第一条连熔连吹陶瓷纤维生产线从手工操作到机械化、自动化制造，再到智能制造。

新产品研发非一日之功，但新产品又是拓展市场、扩大市场、占领市场的“利器”。氧化铝纤维制品的制造核心技术一直掌握在发达国家手中，但鲁阳集团坚持氧化铝纤维国产化的信念，历经15年不计成本地持续投入，终于研发成功，鲁阳公司成为世界上第三个拥有此项技术的企业，为国家节能环保材料事业的发展作出了重要贡献。经过多年的不懈努力，公司含锆纤维、陶瓷纤维纸、陶瓷纤维建筑隔热板、陶瓷纤维复合模块等产品荣膺“国家级新产品”称号，各类产品品种达数百种，充分满足了众多行业的需求。

（二）给员工建设“大舞台”——彰显平台的力量

变革是企业发展的永恒旋律，只有不断大胆改革创新，以适应市场不断发展变化的需求，企业才能立于不败之地，在这方面，平台建设显得尤为重要。一个企业的发展壮大，必须拥有战斗力极强的团队，更必须有让员工充分施展才华的好平台。鲁阳集团重点从组织体系建设入手，管理体系从落后的头重脚轻的集权式，到扁平化、小总部大单元的简政放权；生产单元从粗放式、大锅饭，到精细化管理；销售单元从原始的驻外办事处，到区域销售公司，再到今天的行业销售事业部，组织体系越来越优化，管理方式越来越科学，为企业的健康快速运转奠定了坚实基础。

鲁阳的组织体系建设不仅仅是在大的层面上，变革的触角也延伸到了每个岗位、每位员工。从原料投放到产品包装，从能耗控制到质量管控，生产环节巧妙地将传统的人、机、料、法融入整个生产过程，环环相扣，无缝衔接；从市场开发到客户服务，从合同订单到履约实施，销售环节全部实行分段管理，岗位明确，职责明晰，就像生产流水线一样，整个流程顺畅且科学。

企业同样应该重视激励机制的优化改革。无论生产、销售，还是科研、管理，所有岗位都要建立并实现可量化、可评价的绩效考核体系，干有指标，奔有目标，即时兑现，即时奖惩。生产上开展达产达效，销售上推行业绩指标唯先，科研上采取项目成果推广按效益计提奖励，管理上实行月度绩效与有效活动量挂钩，充分调动积极性。

(三)浇铸企业长剑——思想建设的力量

时代在变迁，社会在发展。新生代力量加入企业，多元化价值观共存，这给现代公司管理带来了新的挑战。量化管理、目标管理固然能够激发员工的积极性和创造力，但这一切都要以思想建设为前提。“政治工作是一切经济工作的生命线。”人的思想认识统一了，步调才能够一致，团队才能有战斗力，生产经营的目标才能达成，因为思想的力量、文化的力量是无穷的。

鲁阳集团坚持将社会主义核心价值观与优秀传统文化紧密结合起来，打造独具特色的企业文化。对此，集团采取了“两手抓、两手硬”的方式：在软件上，从当初简单朴素的“鲁阳格言”“好人十条”“二十六不准”，到渐成体系的“鲁阳魂”，再到今天内涵丰富的“鲁阳文化新理念”“鲁阳三大纪律八项注意”“鲁阳奋斗者誓言”等，常讲常新，持之以恒。员工从入厂起就开始认知鲁阳文化，晨会、班前班后会、周例会、月度升旗仪式、企业文化日、重要活动等，日复一日，年复一年，员工们每时每刻都在接受鲁阳文化的熏陶。在硬件上，从最初的简陋展室到文化展厅、综合展厅，到鲁阳挥戈文化广场、鲁阳赋石壁、鲁阳之路浮雕，再到遍布车间、办公室、走廊、宣传栏的文化展板和共和国勋章、人民楷模、最美奋斗者挂像……无论是高管还是普通员工，从踏入公司的那一刻起，无不感受到“文化理念处处有，面面墙壁会说话”的浓郁氛围。内化于心，外化于行，充满正能量的鲁阳文化成为推动企业发展的新引擎。

思想的力量是无穷的，只有伟大的时代，才会有蓬勃的思想氛围。现代企业应该形成“企业有生气、产品有名气、领导有正气、员工有士气”的良好文化氛围。树立“成就员工、成就客户，造福人类社会”的初心和使命，激励员工人人争当奋斗者，人人成为奋斗者，满怀豪情地为崭新的目标奋斗。

第十节 积成电子耕耘不辍——民营高新技术服务业的经验和启示

新动能来自新技术、新产业、新业态、新模式的发展壮大。在山东新旧动能转换重大工程实施过程中，要发展壮大新动能的主体力量，必须着眼长远，洞察经济社会发展趋势，发现市场经济活动潜在机会，瞄准具有超常先导性、强大辐射性和快速成长性的新兴产业，淘汰落后产业产能，培育新兴产业产能，夯实山东省新旧动能转换重大工程的基础。积成电子诞生于改革开放初期，一直在科技创新路上辛勤耕耘，与电力系统自动化事业一路同行。从科技创新到产业化发展，公司密切跟踪电子信息技术发展的前沿，并将相关技术应用从电力领域拓展到市政、轨道交通等行业自动化信息化领域，推动行业自动化水平的不断提高。

一、主要做法

积成电子积极推进产业布局，内生性增长与外延式扩展并重，经营业绩实现高速增长。过去的几年，公司在行业内率先开始了新旧动能转换、转型升级的探索实践，在智能电网、智慧公用事业领域持续稳定发展的基础上，逐步扩展到新能源、智慧交通、信息安全、新材料等领域，持续稳步地开展新旧动能转换和企业结构优化升级。

（一）智慧出行，助力城市绿色交通新产业

在全球能源危机和环境危机日益严重的大背景下，我国积极推进新能源汽车的应用与发展，充换电站作为发展电动汽车所必需的重要配套基础设施，具有广阔的发展前景。积成电子瞄准汽车充电桩背后巨大的经济效益及社会效益，确立了一套智慧交通出行解决方案，并设立山东积成智通新能源有限公司，专门开展与电动汽车相关的新能源领域的业务。2017 年，公司承建了日照公共交通集团的“绿色公交”项目，提出了国内领先的功率自动调度智能充电方案。该方案不仅可满足纯电动公交车日常充电需求，降低了设备投资，还同时支持面向社会电动汽车的充电服务。针对“新出行”项目，提供电动汽车智能充电设备、运营管理平台，并整合充电、租车移动App（手机应用软件），为日照市民、游客统一提供线上预约、租车、用车、充电、还车、支付等移动互联业务，保证了不同应用场景的充电、租车业务流程各环节的无缝衔接，带来了全新的用户体验。“新出行”系统对接“好停车”业务平台，初步实现了充电、租车、停车三位一体，为日后进一步优化共享汽车运营逻辑奠定了基础。

(二)发展“互联网+智慧能源”,助力新模式

新旧动能转换是一项系统工程,本身是一个动态调整的过程,需要在市场引导、政府搭台、企业唱戏中形成合力,政府创环境与企业修内功并举,即“内外双修”。早在国家出台该项政策之前,积成电子就已开始了“互联网+智慧能源”的“内外双修”的新模式探索。

微能源网是一种智慧型能源互联网综合利用的区域网络。2015年8月,积成电子在国内率先提出了“微能源网”运营与服务的解决方案,并在公司的孙村产业园落地应用。该方案基于公司在信息安全、智慧公用事业、智能电网等领域多年的技术积累和产品应用,为满足公共设施、科技园、高耗能单位等用户群体的能耗管理需求,开展面向需求侧的微能源网投资、建设、运营和服务。整个系统包括:燃气电热冷三联供系统、分布式光伏发电系统、储能系统、需求侧管理、节能改造和微能源网能量管理与控制系统等。该项目于2017年被国家发改委和能源局评为“新能源微电网示范项目”。公司就“互联网+微能源网”的模式形成了一套完整的解决方案,努力在全国范围内进行推广。为了更好地发展新能源领域的业务,积成电子设立了全资子公司“积成能源有限公司”,以用户需求为中心,推动微能源网的广泛应用。2017年,公司与上海宝山区政府签署了《关于智慧能源建设战略合作框架协议》,公司积极为宝山区智慧城市、科创中心、智慧能源的建设服务。2018年1月,公司与山西长治市签署了关于推进智慧能源综合管理服务平台的合作协议。

(三)做强网络信息安全,服务新旧动能转换

在2018年山东省全面展开新旧动能转换重大工程动员大会上提出的“十强”产业中,新一代信息技术列在首位。积成电子积极响应国家及山东省委、省政府关于网络及网络安全和信息化的工作要求,迅速贯彻新旧动能转换试验区战略部署,充分利用自身在能源电力、公用事业等领域的技术、产业优势,成立了专业的网络及信息安全子公司“山东安控信息科技有限公司”。该公司以国产密码技术及主动安全技术为基础,致力于工业领域网络及信息安全,为燃气水务、能源电力、轨道交通、石油石化等工业领域提供安全可信、自主可控的信息安全产品、全生命周期信息安全服务和整体解决方案。目前公司已经成功研制出国内先进的工控安全国产密码设备、工控安

全网关设备、云安全可信平台、电力系统安全监测装置等信息安全设备，并在重庆、河南、福建等省市成功应用。2017 年 9 月，山东安控公司受邀成为国家工业信息安全产业发展联盟山东分联盟的筹备发起企业，积极推动工业信息安全产业快速健康发展。

目前积成电子已经为国家电网、南方电网、国家核电、中石油、三峡集团、国家能源局、国家海事局等国家重要行业和国家部委提供了信息安全服务，为切实做好国家关键信息基础设施安全防护贡献自己的力量。

（四）开展流程型智能制造升级，企业新旧动能转换实现完美过渡

除了在新领域的拓展，企业内部的新旧动能转换也在如火如荼地进行，具有积成特色的流程型智能制造——积成 MES 正帮助企业不断提升制造效率，助力企业均衡生产。它依托国际上应用广泛的主流 ERP 系统，针对公司多品种小批量和部分产品大批量的生产特点进行深入开发和不断优化，实现了从订单下达到产品完成的生产全过程监控和管理，能够快速应对用户需求变化，灵活地组织生产。当发生紧急需求变化时，MES 能及时作出反应、报告，利用当前的准确数据进行指导和处理，既能提升生产效率，提高及时交货能力，改善物料的流通性能，又能提高产品质量及生产回报率。为了将积成 MES 的效果发挥到最大，积成构建了智能化的联动系统，实现了管理、生产、操作协同；建立了制造中心、生产管控中心，实现了连续性生产智能化；构建了协同一体化管控模式，实现了各流程、各环节高效管理；建立了工业信息安全管理制度和技术防护体系。

二、启示

积成电子的实践，为民营高新技术服务业的发展提供诸多启示。

（一）营造公平市场环境，弱化国企、民企身份区别

积成电子业务服务的目标对象为大型央企和地方国有企业，在集中化、集约化经营的市场环境中，易遭遇不公平竞争。尤其是部分同行竞争企业，本身就是客户的子公司，存在隐性壁垒。

针对以上问题，政府应督促有关部门尽快实施主辅分离，深化机制体制改革。严格区分管制类业务与市场化业务，对于管制类业务实施有效监管，对于市场化业务，严格落实反垄断等法规，营造良性发展的经济新秩序。各

级政府要把关心民营企业发展落到实处，推动不同市场主体发展，主动打破隐性壁垒，创造公平、公正、高效的市场竞争环境，促进多种市场主体良性发展，切实激发经济活力。

（二）建立稳定可靠的行业标准，保持市场主体活力

基础性的科技创新需要有长期研发投入，且存在较高的风险。以积成电子的电磁暂态仿真技术为例，公司早在2013年便开始了电磁暂态算法领域的前瞻性技术研究，3年后才确定技术路线，又过了2～3年才形成部分实用化的产品试用，市场推广过程中依旧遇到了客户认知和信任方面的障碍。

新产品市场入围的相关检测费、鉴定费等费用负担较重，同类产品的不同型号均需送检鉴定，增加了企业的研发成本支出。产品需要通过用户指定的检测机构检测，拿到合格资质之后才能进入招投标程序，而检测机构往往凭借其行业垄断地位实行高收费，加上检测报告的有效期短，行业标准变化频繁，导致产品在市场生命周期内需要经历多次反复检测。最近两年，积成电子为参加投标所付出的检测鉴定费用高达1700万元。此外，行业标准变化频繁，要求企业产品标准更新速度加快，造成产品鉴定成本越来越高，在增加了产品质量隐患的同时，加重了企业的经济负担。

政府层面应规范产品准入标准，取消或限制不必要的产品检测支出，为新产品、新技术应用营造宽松便捷的准入环境。大力推行“互联网＋”智慧监管，提高检验检测机构的效率，减少新技术新产品入网检测的频次，切实消除部门或群体设置的非技术性壁垒障碍。

对立项的关键基础技术创新进行专项扶持，并加速资金拨付。基础性研究成果一旦投入市场，需要经历一个磨合期。在此过程中，企业很难承受资金长期拖欠的压力。2019年，国务院出台了加快国企对民企的欠账清理政策，有效地改善了企业资金被占压状况。政府层面应继续出台相关政策，加快国企采购民企项目的资金支付流程，缩短开发方的应收账款账期，这对科技创新型企业的生存发展尤为重要。

（三）引进和留住人才，维持企业持续创新发展的核心动力

人才是创新的基础，也是科技创新型企业最宝贵的资产和财富。近年来，科技型企业特别是民营企业在引进和留住人才上下足功夫，但人才流失的问题还是非常明显。当前，劳动法对离职员工的约束力很小，在方便人才

流动的同时，也加大了员工离职的随意性，不利于科技创新的积累发展。

山东应从省级层面进行人才规划，各地市根据人才市场情况制定人才战略和政策，适度增加企业核心员工违约离职的成本，提高人才在同一领域研究的持续性，形成累积效应，促进科技创新发展。同时，加强劳动执法监督，规范企业用工行为，切实保障员工权益。政府在人才政策支持和资金奖补上打破条框限制，重点向在国家战略性新兴产业、高新技术领域发挥重要作用和行业急需的人才倾斜，对创新型企业的骨干人才提供政府资金补贴或降低其个人所得税税率，帮助企业吸引和留住高水平人才。

（四）给创新成果机会，“四新”的发展需要社会的包容

积成电子自成立以来不断推出创新成果。公司在国内率先提出“微能源网”运营与服务的解决方案，在公司园区的应用被国家发改委评为“新能源微电网示范项目”。公司研发的复杂大电网全电磁暂态仿真平台，打破国外技术壁垒，全面替代甚至超越国外同类产品，具有技术领先优势。但上述的优秀创新成果在实际推广应用时却是困难重重。一些地方政府、央企或地方大型国企等投资主体对民营企业的创新成果缺乏足够信心，不敢大胆尝试。这种求稳求安的状态，造成民营企业科技成果市场推广困难，也阻碍了行业的科技进步与技术创新。

山东省应进一步放大扶持政策，鼓励和激发各个主体“争先敢试”的积极性，支持民营企业科技创新成果的推广应用，通过责、权、利有机捆绑，降低“争先敢试”的风险，在探索试点、试错纠错中获得具有领先性、竞争力的新动能。打破关键基础产业在技术采购时对国外技术的过度依赖和迷信，增强对民企替代产品的自信心；在符合市场公平竞争的基本原则下，同等条件下优先采用国产技术；鼓励在国家主导的重大基础项目中给予国产化创新技术“先行先试”的试错验证机会；对处于国际领先水平的国产技术，各地应因地制宜地进行采购目录推荐，鼓励关键基础产业优先进行国产化替代的采购，及时给予多种形式的补贴，包括财政补贴、贷款贴息等；对符合政策的首台套应用可给予一次性的补贴奖励。

（五）扩大对科技创新支持和税费减免的覆盖面

近几年，我国不断降低企业的增值税税率，但对于科技创新方面的即征即退优惠税率水平没有同步降低，事实上造成科技创新型企业相比于传统

行业享受到的优惠力度降低。如，软件和集成电路行业增值税实际税负超过3%的部分实行即征即退政策，但在实际经营中，很多企业的产品是集软、硬件为一体的，受客户开票要求的制约，软件部分在发票中不易体现，造成该项优惠政策落地困难；部分纯软件收入，因客户要求开具技术服务类发票，也无法享受到相应的优惠政策。此外，增值税实际税负超过3%部分享受即征即退的政策仅限于软件和集成电路，作用面较窄，对科技创新支持的覆盖面不够。

政府应加大对科技创新的支持和税费减免力度，将增值税实际税负超过3%的部分实行即征即退政策的范围，由软件和集成电路扩大到涉及国家安全、工业基础设施、国计民生的所有科技创新产品。另外，建议将增值税实际税负超过3%的税率降低到2%，使得相关创新产品能同样享受到增值税税率降低的政策优惠。

第十一节　走在时代前沿　助力健康中国——众阳集团的做法和启示

2016年，习近平总书记在全国卫生与健康大会上提出“大卫生、大健康”理念，党的十九大再次明确“实施健康中国战略，为人民群众提供全方位、全周期健康服务”，一直到山东省新旧动能转换工程“十强”产业规划，众阳集团紧密围绕国家政策导向开展产品研发与服务推广。借助大健康产业高速发展这一历史性机遇，众阳打造了面向全民健康保障的省、市、县直到基层单位的一体化的智慧健康解决方案，完成山东省全民健康信息平台建设，为保障居民健康、提升医疗卫生社会治理能力发挥了重要的支撑作用。

一、主要做法

“十三五”期间，众阳健康已成为国内为数不多的能提供“面向全人群、全生命周期”的全系列信息技术产品与服务的厂商，可为“健康中国”的推进提供成套信息技术产品、方法与服务。在“健康中国”迅速推进过程中，众阳健康研发的各类信息化产品为实现健康医疗大数据的快速汇聚，提升我国医疗服务能力，提供了有力支撑，累计服务人数已超过4亿次。

(一)深入推进“公司平台化、经营小众化”双创发展战略

根据《国务院关于强化实施创新驱动发展战略 进一步推进大众创业万众创新深入发展的意见》等文件,公司深入推进“公司平台化,经营小众化”“双创”发展战略,并得到国家双创资金重点支持。所谓“公司平台化,经营小众化”,就是将公司各类资源平台化的同时,鼓励公司内部创业,实施企业发展机制的全面创新。“公司平台化,经营小众化”战略的本质,就是要引导员工进行低成本、低风险地个人创业。

“十三五”期间,众阳继续完善、提出了一整套的内部创业辅导、孵化机制,打造了统一的基于互联网的小众化资源整合与服务平台,全面整合公司资源,打造快速响应的客户服务与创业团队运营支撑体系。以此为支撑,继续深入实施“公司平台化,经营小众化”战略,认证、打造了“山东省健康医疗大数据专业化众创空间”,部署、运营了财政部重点支持的“互联网+医养健康产业双创服务平台”。利用众阳作为山东省医养健康产业协会副会长单位的有利条件,带领公司员工与广大社会人士开展创新、创业活动,打造医养健康产业“龙头企业+孵化”的共赢产业生态与价值链,有力支撑了医养健康领域的创新创业,累计孵化各类企业超过50家,带动千余人就业,已形成以百灵健康、北京众阳为代表的,遍布全国的70多家创业企业(含创业团队),有力地促进了集团公司的发展。

(二)实施了一批国家、省重大科技项目

“十三五”期间,众阳集团先后承担了国家重点研发计划1项(由哈尔滨工业大学牵头,公司为合作单位),中央引导地方科技发展专项资金项目1项,国家大中小企业融通型特色升级载体重点项目1项,山东省重大科技创新工程项目1项,山东半岛国家自主创新示范区发展建设项目2项,“现代优势产业集群+人工智能”试点项目1项。在各级财政资金的支持下,形成了系列化成果,大大提升了公司的科研创新能力。

(三)产学研合作,建立了科研创新平台

“十三五”期间,众阳健康始终坚持创新驱动战略理念,在相关政策的支持下,构建了产学研协同发展的技术创新体系,先后建立了院士工作站、博士后科研工作站、山东省智慧健康医疗工程实验室、山东省医疗信息软件工程技术研究中心、山东省软件工程技术中心、山东省企业技术中心,并与北

京大学联合成立“大数据联合研发中心”，与山东大学共建山东省工业技术研究院脑科学协同创新中心，与山东财经大学共建“互联网＋医养健康”大数据协同创新中心，与华为开展全面合作，共同研发、推广区域一体化健康服务与智慧城市系列解决方案。

公司在智慧医院、智慧健康、健康医疗大数据、医疗人工智能、健康区块链等领域拥有专利和著作权160余项，形成了以电子病历为核心的一体化数字医院、以精细化管理为核心的医院大数据、以“互联网＋医疗健康”服务为核心的百灵健康平台、以居民健康为核心的智慧健康平台、以电子健康档案和健康管理为核心的智慧健康养老服务五大产品体系，客户包括了国内1000家大中型医院和包括“山东省人口健康信息资源综合平台”在内的上百家省、市、县(区)各级人口健康信息平台和区域信息服务体系。

(四)面向互联网转型，打造“互联网＋医疗健康”数字经济平台

“互联网＋医疗健康”服务是公司“十三五”期间的战略重点。公司“互联网＋医疗健康”服务平台2019年入选了山东省省级产业互联网示范平台。该平台实现了卫健委、医保、医院和居民的全面连接和广泛布局，目前平台可全程支持预约诊疗、费用结算、公共卫生、妇幼健康、分级诊疗、处方在线审核、处方流转、“三医”联动、健康咨询、健康教育等线上、线下惠民便民服务。

2019年，众阳健康成为山东省卫生健康委全省“1＋16”“互联网＋医疗健康”服务平台项目的中标服务商。按照中标方案要求，公司负责建设山东省统一的“互联网＋医疗健康”服务省平台。目前，省平台和各地市的平台建设工作正逐步展开。

二、借鉴与启示

(一)服务政府部门，加速数字化转型

中国已进入数字经济提速升级的新阶段，政府数字化转型已进入软件开发新常态，“上云、用数、赋智”的数字化创新平台前景广阔。

然而，对于大多数公共事业单位而言，如何用有限的成本快速打造出一套适合自己的数字化系统？这成了摆在公共事业单位数字化转型面前最大的技术难题。众阳开发平台可为公共卫生部门提供软件开发整体解决方

案，将数字化开发理念、敏捷研发、持续集成、持续交付等复制到公共卫生部门的服务体系中，助力卫生部门数字系统快速创新迭代，降低卫生部门数字化转型的成本，实现业务价值。数字化开发平台不仅能够大幅提升公共事业单位的效率，缩短公共服务周期，还能够凭借更低的技术门槛，使系统运维等非专业的事业单位工作人员参与到运维中来，进一步降低运行总体成本。

（二）助力数字卫生服务，实现健康中国

健康云服务是数字浪潮下医疗卫生和互联网系统深度交融的产物，是新一轮医疗卫生革命的关键支撑。开展医疗卫生云服务，是世界各国推动医疗卫生系统转型的共同选择。尤其是发达国家纷纷实施“5G＋”战略，将推动医疗卫生领域和互联网交融作为推动公共卫生数字化转型的关键抓手、赢得未来健康竞赛新优势的重要手段。

医疗卫生领域数字化由于细分领域众多、标准化难度大，其发展不仅需要新的思路，还需要更多细分领域企业的支持。除了要有西门子、百度这样的平台企业以及数以百计的后来者作为支撑，大数据平台、工业人工智能、机器人、卫生软件等也是必不可少的。

基于像众阳这样的企业所开发的平台，可以打造卫生领域互联网的数字健康加速器。围绕健康大数据和医疗卫生需求，各种云端健康 App 成为打造卫生数据采集、健康数据可视化、健康数据分析以及公共卫生运营等公共领域应用产品的政府级平台软件和生产引擎，用集成化、数字化、智能化的手段解决在安全可控、有效管理和运维中的质量、效率、能耗等综合问题。

（三）走在时代前沿，以区块链服务医养健康

习近平总书记在中共中央政治局第十八次集体学习时强调，把区块链作为核心技术自主创新重要突破口，加快区块链技术和产业创新发展。区块链具有的去中心化和有效信任机制特点，为社会各项事业发展提供更多可能。发挥区块链在促进数据共享、优化业务流程、降低运营成本、提升协同效率、建设可信体系等方面的作用，可有效加强社会治理。

针对医养健康领域的数据治理、数据确权、共享应用、跨界协同、隐私保护、监管追溯等难题，结合当前人口健康信息化与健康医疗大数据应用的重大民生需求，众阳通过健康区块链的监管技术、高效数据处理与存储技术、

安全认证与防护技术等的创新与集成，研发医养健康区块链服务平台及配套系统，支持居民全生命周期健康数据可信上链，开展区块链健康服务应用示范。

（四）坚持企业文化建设，发挥党建特有优势

研发创新、装备升级依旧是要靠人。人员素质差，好的装备也发挥不出作用。而思想建设、职工素养培育恰恰是现在企业技术改造、企业转型过程中最容易被忽视的。众阳逐步树立"恒久创造，服务医疗"的经营理念和"崇尚仁义，重礼施德"的核心价值观。众阳认为，企业文化是企业立足的根基，发挥党在文化建设里的特色优势才是在新时代建立百年企业的重要抓手。

怎么抓思想建设？首先抓党建。一名党员职工，不论他在哪里入的党，一定是所在单位的先进分子，业务素质过硬、思想素质可靠。把这一部分员工凝聚起来，企业在推进战略时就有了第一批支持力量；职工们有了榜样，就更容易跟进。

其次就是抓企业文化，抓企业文化不是墙上刷标语、职工喊口号。企业应成立专门的文化部门，从职工会议上学习内容的编写到大型活动的组织策划，都有专门的人负责。职工要定期组织精益工作、安全文化等方面的学习。企业有重大活动时，党员代表、劳动模范、先进员工都要与领导干部一起参加。

第十二节　日企影响下泰国汽车工业发展的概况及其启示

汽车行业呈现在消费者面前的，是一个以整车品牌为核心标识的产品及服务体系，汽车行业的供应链也形成了一套以整车企业为核心的庞杂体系。汽车行业具有制造工艺复杂、生产和销售规模大、产品价值高、售后服务链条长等特征，围绕其制造、销售及服务的过程，衍生了由原材料生产、汽车销售、物流、保险、金融等不同领域的企业组成的复杂的产业链。汽车工业是整体制造水平的展示，发展中国家引进新技术、发展新产业、培育新业态，汽车工业是绝佳选择。

泰国前总理阿披实·维乍集瓦曾提出，把泰国发展成"东方底特律"。

在 20 世纪 60 年代，汽车工业是泰国第一批接受特定产业政策的工业部门。“东方底特律”的口号被泰国政府机构以及业界和新闻界认可。一时之间，美国和欧洲汽车生产商纷纷对泰国汽车行业进行投资。

但是，汽车产品的产销规模大，对规模化采购、生产、销售所带来的规模化效益有较高的要求，所以，汽车行业需要维持供应链较强的稳定性。泰国为引进新技术、发展新业态而在汽车产业上的努力成效不大，但其汽车工业有限的发展为发展中国家和地区引进新技术后如何带动当地产业发展提供了参考。

一、泰国汽车工业发展历程

泰国的汽车工业始于 20 世纪 60 年代。日泰合资企业、欧泰合资企业和美泰合资企业在泰国组装日本、欧美品牌。国外投资者与泰国大型企业集团联手进行市场营销，与泰国政治精英建立联系并寻求保护。在零部件工业中，很少有国外零部件生产商愿意在泰国投资，这让当地企业或在某些情况下的泰国合资企业发挥了相当大的作用，地方资本也发挥了重要作用。

汽车行业的政策是泰国和亚洲其他国家及拉丁美洲的发展中国家推行进口替代工业政策的一部分。为了刺激国内生产，泰国对进口汽车征收高额关税。日本的装配商投资建立了装配工厂，而美国和欧洲的公司对相对较小的泰国市场和较高的关税壁垒不太感兴趣。大多数非日本企业都于 20 世纪 60 年代末退出了泰国市场，或者没有对其工厂进行升级，从而失去了市场份额。

20 世纪 70 年代发生了许多小的政策变化，但对重要企业的有效保护措施没有变化。当时泰国出现了严重的贸易不平衡问题，大部分的政策变化都是为了刺激当地经济，目标是进一步加强技术转让。在 20 世纪 70 年代后期，乘用车、皮卡、公共汽车和卡车的本地零部件价格都被提高到更高的水平。与此同时，泰国禁止进口完全组装好的汽车，整车进口税提高至 80%，这意味着对本地组装更多的保护。该政策刺激了本地企业增加对零部件生产的投资。20 世纪 70 年代采取的措施涉及限制新进入者，通过关税壁垒保护已经在进行生产的公司的利益。

20 世纪 80 年代，泰国政府对汽车行业提出了许多不同的、有时甚至是相互矛盾的政策。这种标准不一致的政策损害了汽车工业，疏远了包括汽车制造商和零部件生产商在内的国外投资者。到1987年，泰国的汽车工业已处于悲惨的状态。只是在泰国经济有所改善之后，该产业部门才有所恢复。自那以后，汽车行业虽也开始自由化，但随着日本投资的增加，日本在政策制定方面的影响力也开始增长，而日本这种影响有时阻碍了自由化和市场的进一步开放。

20世纪90年代初，泰国的汽车政策进一步自由化。1991年，乘用车和商用车降低了关税，市场价格开始下降，从而刺激了国内需求，促进了生产。与此同时，泰国投资部门局为了提高当地供应水平，开始了一项雄心勃勃的方案，并且成功增加了供应商和装配公司之间的交易数量。

1997年爆发的金融危机在泰国引发了一场全面的经济危机，国内对乘用车和商用车的需求都急剧下降，生产和销售下降到危机前水平的1/3左右。汽车工业内部的危机通过比以前更多的出口得以解决。危机期间，泰国的组装公司几乎都是日本公司。这些公司不得不增加其泰国工厂的出口份额，这些跨国企业通过全球经销商分摊亚洲金融危机的压力。同样的情况也发生在日本零部件供应商身上，这些企业还通过其在泰国的日本客户，或通过其所属的企业联盟或工业集团出口更多的产品。

2001年，泰国政府宣布了“东方底特律”的计划后，试图进一步刺激公私合作的汽车行业。事实上，泰国汽车研究所的建立及运作类似于日本汽车工业组织的合作方式。

二、日本车企对泰国市场的主导

2006年，泰国共有21家汽车组装公司，16家生产汽车，5家生产摩托车。在这21家公司中，4家位于曼谷，10家位于北揽府(Samut Prakan)。新建立的工厂距离曼谷稍远，但更靠近工业港口林查邦。几乎所有生产过程所需的进口原料都到达了这里，大部分出口的零部件和组装汽车都从这里离开泰国。丰田和本田在泰国都有两家组装厂，铃木、日野、三菱、五十铃、日产、雅马哈和川崎都有一家。由于税收结构和市场需求的不同，拣选车型构成了泰国汽车市场非常重要的一部分。丰田、五十铃、马自达和三菱是这个市场的主要参与者，而本田则专注于乘用车的生产和销售。

泰国国内汽车市场在2000年以后进一步增长，不断增长的需求来自皮卡和轿车。所有日本生产商都安排了投资计划，以满足不断增长的国内需求，而丰田、五十铃和三菱则将泰国作为其一款代步车车型的主要生产基地。丰田是第一家将皮卡生产基地从日本迁往泰国的公司，投资超过10亿美元。有了这笔投资，到2006年，丰田每年生产近20万辆皮卡。当时陷入财务困境的三菱汽车公司也在泰国扩大皮卡的生产，2007年迅速从9万辆增加到18万辆。五十铃汽车也像丰田一样，将皮卡车型的生产转移到了泰国。

低廉的劳动力成本使得日本制造商能够在泰国维持成本竞争力。大多数工厂的自动化水平都很低，这反映在泰国装配厂的每个员工生产的汽车比国际基准更少。泰国有超过2000家汽车供应商，其中大多数是泰国公司。在这2000家供应商中，709家被泰国汽车协会注册为主要生产商。这些生产商中有525家位于曼谷和靠近曼谷的四个府。其中春武里府有55家生产商，罗勇府有41家。在这709家主要供应商中，有287家公司以外资为主。泰国汽车协会列出的709家主要供应商名单中没有提供这些公司资本化和国籍的信息。然而，将这份榜单与位于曼谷的日本商会的数据进行比较后发现，这287家外资公司中约有90%是日本企业；另有68家公司的国外投资者持有少数股份；其他354家公司是完全泰国所有的公司。这些泰国公司中有许多都获得了日本公司的技术许可证。709家主要供应商大多位于其主要客户的工厂附近。日泰围绕《日泰自由贸易协定》(Japan-Thai Free Trade Agreement)展开争议颇多的谈判，显示出泰国汽车行业供应和行业支持的弱点，以及泰国政府为保护某些泰国工业集团而征收的高关税(10%～40%)。除原产地规则问题外，贸易谈判中争论最激烈的问题是汽车零部件的关税。日本方面代表日本汽车行业的利益，努力推动逐步取消对汽车零部件的关税。在初步达成的自由贸易协定中，双方约定到2011年逐步取消对汽车零部件的关税，这被认为是日本谈判代表的胜利。作为回报，他们提议扩大泰国农产品进入日本市场的范围。

三、泰国汽车产业现状

泰国三大日本汽车制造企业(丰田、三菱、五十铃)公布的数据显示，其在泰国购买零件和组件的价值占总额的80%以上。然而,这三家公司也都表示,大部分在当地采购的零部件是由日本企业在泰国生产的。在这三家公司中,丰田购买本地零部件比率最高,超过90%的产品是由日本企业在泰国交付的,并且呈上升趋势。因此可以得出结论:皮卡生产规模经济的增长刺激了更多的日本供应商在泰国建立生产基地。不难发现,由于亚洲金融危机的影响,许多泰国供应商被迫从一级供应商退到二级供应商,其他泰国公司也被赶出了市场。虽然不能仅从这一发展中简单地得出没有发生日本企业向泰国企业的技术转移的结论,但日本采购方面曾表示,泰国零部件生产企业的能力确实发展得不够快。因此,当日本汽车制造商从泰国国内市场转向出口市场时,其必须寻找到可提供稳定质量的零部件生产商。由于能够胜任这一角色的本地供应商太少,1998年后,一批新的日本供应商开始在泰国生产。

新技术始终没有在泰国供应商里产生,而日本企业始终在创新。新产品的设计很少由日本供应商在泰国完成。对于泰国供应商来说,这种情况更加罕见。1995年唯一一家设计新产品的泰国公司已经退出,因为其主要的日本客户向该公司施压,要求该公司只按照日本客户设定的图纸和规格进行生产。

日本汽车制造商有非常强大的供应网络。自20世纪90年代日本汽车工业重组以来,许多汽车制造商被迫对其供应网络进行合理化调整。在日企混改以后,资本的介入使得新的国外供应商被引入,供应网络趋于合理化。例如,在雷诺对日产进行了大量投资后,日产对日本的供应商组织进行了重大重组。丰田的状况要好得多,对供应商组织的重组也少得多。三菱在与戴姆勒—克莱斯勒建立合作关系后,不得不放弃其供应商组织,三菱现在就像五十铃一样,是一家没有自己的供应商组织的汽车制造商。

在泰国的日本汽车制造商更愿意与位于泰国或其他东盟国家的日本供应商合作。丰田拥有一个非常强大和广泛的日本企业网络,这些企业也在日本为丰田供货。但与日本的情况不同,在泰国的丰田供应商向包括三菱和五十铃在内的几乎所有日本制造商供货。

在泰国的欧洲供应商与日本或泰国的供应商相比没有竞争力。几乎所有的欧洲供应商都坚持欧洲标准,这使其产品相对昂贵。许多日本供应商既按日本标准生产,也按当地标准生产,这使得其产品在质量和价格方面更加多样化。三大汽车制造商也会遇见泰国供应商难以按时交货和难以保证产品质量的现象,也都有提高泰国供应商质量的计划,但这些计划往往成本高昂,这是因为在泰国没有可以替代的其他供应商。这也解释了日本谈判代表在日泰双边自由贸易谈判中降低汽车零部件关税的立场。

四、启示

泰国和底特律的重要区别是,美国公司在底特律的汽车工业中占主导地位,而泰国没有拥有自己品牌的汽车公司。相反,日本公司主导了泰国的汽车工业,且随着时间的推移,日本企业的主导地位变得更加强大。即便如此,历届泰国政府仍积极参与该行业的发展。与许多发展中国家一样,泰国推动汽车工业发展的一个重要原因是该工业拥有国家发展所需的广泛的技术。一旦一个国家拥有了这些技术,这个国家就将站在一个有利的位置来进一步巩固其工业基础。

直到20世纪90年代中期,泰国政府对汽车行业的主要关注点仍是本地中间商对零配件的供给,其基于的假设是,设定较高的本国零部件比例将刺激国内原材料加工和中间投入的经济活动,这被认为是支持泰国汽车工业升级的关键。更重要的是,在国外直接投资者和当地公司之间建立联系,可帮助实现产业本地化和协助促进发展进程。然而,泰国政府忽视了生产最终产品、零部件的企业的国籍问题。在泰国,零部件的生产也由日本公司主导。迈克尔·波特(Michael E. Porter)曾被邀请到泰国,他建议泰国建立本国的汽车品牌以提高竞争力,这是泰国汽车产业升级的需要。

泰国政府早就认识到当地企业的弱点,也对日本在该行业的主导地位感到不满。然而,泰国企业家与政治精英有着密切的关系,既定政策难以改变。20世纪90年代中期以来泰国政治格局发生变化,汽车行业的政策变化才成为可能。泰国政府已经认识到行业竞争的重要性,因此邀请美国和欧洲的汽车制造商与占主导地位的日本公司竞争。然而,虽然汽车生产已经扩大,供应商已经升级,但国外汽车公司很少向当地汽车公司转移技术。

日本公司向泰国公司的技术转让是有限的。日本汽车装配商对泰国供应商的技术能力不满意,因此吸引了大量日本供应商到泰国。然而,日本供应商的涌入削弱了泰国企业在供应网络中的地位,产业升级的步履维艰导致许多泰国供应商从一级供应商降级为二级供应商。而日本投资者要求降低关税的努力可能会进一步削弱泰国一级和二级供应商的地位。

综上可知,泰国被归类为"东方的底特律"言过其实。泰国无法实现以"四新"促"四化",源于过度依赖日本公司技术,经济增长缺乏内生动力。泰国供应商应该把技术升级作为其首要任务,鉴于汽车投资的不稳定性,这不可避免地需要泰国政府和行业协会的大力支持。在发展中国家,强有力的政府支持仍然是刺激汽车工业大幅升级的关键。①

① R. Busser, "'Detroit of the East'? Industrial Upgrading, Japanese Car Producers and the Development of the Automotive Industry in Thailand", *Asia Pacific Business Review*, 2007, 14(1), pp.29-45.

第五章　山东省传统产业改造升级的路径

传统产业占山东省经济体量的比重较大，是动能转换的重点，必须将以“四新”促“四化”理念作为指导，把握世界科技革命和产业变革趋势，学习借鉴沿海兄弟省市先进经验，全面分析山东省工业新旧动能现状，加快探究促使传统产业改造升级的新思路、新目标和新举措。

第一节　传统产业基础稳固

改革开放以来，山东省委、省政府高度重视工业实体经济发展，逐步建立起了较为完整的工业体系，形成了一大批优势产业、骨干企业和重点产品，在全国工业经济中占有重要地位。特别是近年来，面对严峻复杂的国内外经济环境，山东省主动适应引领经济新常态，坚持“敲开核桃，一业一策”，制定实施了 22 个重点行业转型升级方案，盯住“中国制造 2025”、企业家队伍建设、质量品牌、绿色发展等关键环节精准发力，工业发展的基础持续增强，质量效益稳步提升。以轻工、纺织服装、机械、化工、冶金、建材、医药等七大行业为支柱的传统产业，在山东省工业中的比重超过八成，对全省经济社会稳定、持续、健康发展起到了“压舱石”的重要作用。

一、传统产业总量大、门类全，竞争实力较强，为工业新旧动能转换奠定了坚实基础

2016 年，全省累计实现制造业生产增加值 26648.6 亿元，占生产总值(GDP)的 39.8%。规模以上的大型工业机械龙头企业累计达到 40600 家，实现了全年主营业务收入 15 万亿元、利润 8643 亿元，分别达到全国的 13%

和12.6%,均列江苏之后,居全国第2位。工业行业门类齐全,产品种类丰富,涵盖全部41个产品行业的主要分类,有110种工业产品产量居全国前3位,涉及567种产品;其中纱线、轮胎、机制纸、化学药品原药、电解铝等46种产品产量居全国首位。七大传统产品制造行业规模以上企业36186家,实现全年主营业务收入12.8万亿元,利润7639亿元,分别为规模以上传统产品工业的85.3%和88.4%。七大行业中共计5个公司的主营业务收入超过万亿元,位居全国前列。①

二、传统产业结构逐步优化,新业态新产业不断衍生发展,为工业新旧动能转换创造了新的空间

2016年,全省规模以上的工业完成了技术改造项目投资1.52万亿元,总量位居全国首位;装备制造业增加值规模占全国工业总量的29.4%,达到了历史最高水平;高新技术产业占规模以上制造业的33.8%,近两年年均增长1.2个百分点。从传统产业看,技术密集型、高附加值产品显著增多,低效产能加快退出,产业层次逐步提高。轮胎子午化率已经达到91%,服装、家纺和产业用布这三种最终的纺织品总销售收入的占比已经达到27%;医疗器械收入占医药行业的比重已经达到7.6%;平板玻璃的深加工效率已经达到45%。2016年,山东省共淘汰和利用地下冶炼落后的产能5052万吨,为先进产能腾出了空间。从当前我国新兴产业结构来看,传统产业快速转型、改造、升级的背后所不断衍生的新技术、新业态和一批创造性新技术产业正在加速发展,不断形成新的增长点。新能源汽车及小型纯电动汽车产量近年来年均增长50%左右,轨道交通设备装置的主营业务收入稳居全国首位,高档仪器设备、海工装置等行业总额稳居全国第2位。现代医药、新建筑材料、新一代信息科学技术、高端装备等4个重点和规模以上产业占比22.8%。在首届世界工业设计大会上获奖的全国9件工业设计产品中,山东省占4件,数量稳居全国首位。从产业集聚情况看,一批大体量、高层次的产业集群快速成长,成为产业结构调整的有效载体。截至2016年年底,全省年度营业收入超过10亿元的新兴产业集群已经发展到440个;其中,超过100亿元的有230

---

① 参见崔德政:《M省W市传统产业转型升级政府职能研究》,山东科技大学公共管理专业硕士学位论文,2018年,第20页。

个，超过千亿元的达到10个。其中，电子信息、新能源、新材料、生物医药、高端装备制造等在省级产业集群中的比重达到25％以上。2016年，山东省规模以上工业企业百元营业收入提供利税为8.86元，而产业集群为11.74元，高出33％。①

三、传统产业创新能力日益增强，新技术新模式加快创新应用，为工业新旧动能转换增添了巨大动力

2015年，省内规模以上企业研发服务费用在全社会的比例达到90％以上；研发创造的内部收入达1292亿元，居于全国第3位。有超过七成的大中型企业建立了科学技术开发机构，国家级产品工业设计制造中心有9家，国家科学技术创新示范企业有39家，建成了国家级企业科学技术中心179家、省级企业科学技术中心1524家，数量均处于全国首位。工业领域累计培养中国著名商标677个、山东省驰名商标1676个、山东省知名商标3374个；12个品牌进入中国特色工业公司品牌竞争力100强，数量位居全国第2位。从新技术研发情况看，大企业创新能力较强，掌握了一批在国内外具有较强影响力的关键核心技术。2011年以来，山东省39个项目被列为国家重大专项，25项获得了国家级科技创新进步奖。其中，如意科技的新型嵌入式纺纱生产工艺技术、四方机车时速250公里动车组的高速旋转转向架、浪潮集团的高端容错计算机、康平纳集团的筒子纱自动加工染色成套技术及设备、宏济堂制药的人工麝香、盛瑞传动8挡自动变速器等项目获得了国家科技创新进步第一名。从新模式应用情况看，智能技术、信息技术与制造业加速融合，使传统产业不断焕发新的生机。规模以上工业企业的关键工序数控化率和数字化研发工具的普及率分别为42.1％和74.1％。个性化的定制模式正在加快推广，涌现出海尔、红领、迪尚等一批典型企业。智能制造迅速发展推进，九阳股份等15家企业的智能制造项目已被列入国家试点示范，潍柴集团等14家企业也获得了国家智能制造专项支持，数量均位居全国首位。②

① 参见崔德政：《M省W市传统产业转型升级政府职能研究》，山东科技大学公共管理专业硕士学位论文，2018年，第22页。

② 参见崔德政：《M省W市传统产业转型升级政府职能研究》，山东科技大学公共管理专业硕士学位论文，2018年，第24页。

四、大企业骨干支撑作用突出，中小企业“专、精、特、新”发展，为工业新旧动能转换提供了良好的市场主体

近年来，山东省持续大力开展大众创业、万众创新，深化了市场管理体制改革，市场主体健康发展，逐步迸发出前所未有的勃勃生机。2016年，山东省新登记注册的各类民营企业51.3万户，日均新登记注册民营企业1425户；全省有各类民营企业190.8万户，居全国第3位。从大企业情况看，其支撑带动作用持续增强，是工业经济发展的领头羊、排头雁。2016年，山东省实现营业收入过百亿元的新型工业企业数量已经达到145家，76家企业入围了中国制造业500强，数量位居全国第2位。从中小企业情况看，其发展活力日益提升，是推动工业经济发展的主力军。2016年，全省工业中小企业户数达到15.3万户，其中，规模以上的达到39699家，占规模以上工业企业总数的97.8%，实现工业增加值占规模以上工业的69.3%。22家企业被列为首批“制造业单项冠军示范企业”名单，占全国总数的近1/5，居于全国首位。从队伍素质来看，企业家队伍的培养力度也在不断加大，企业的现代化管理水平也在加快提升。2016年，省、市、县三级举办专题培训460多期、培训企业负责人6万多人。规模以上企业的规范化经营改制步伐加速推进，已改制企业10215家，完成目标进度的28.8%。规模以上工业企业全员劳动产出年均达到38.4万元，近年来年均递增2万元，发展质量和效益不断提升。

第二节　传统产业改造升级面临的制约因素

近年来，山东省委、省政府出台了一系列稳增长、调结构的重要举措，形成了支持工业实体发展的鲜明导向和浓厚氛围，工业经济总体呈现稳中向好态势，转型升级取得明显成效。但是对照发达国家工业发展水平，对照沿海先进省市工业转型升级形势，山东省推动传统产业改造升级的步伐还不够快，发展质量效益还有待进一步提高。2013～2016年，山东省规模以上制造业利润率分别为6.25%、5.93%、5.89%和5.92%，广东分别为5.72%、5.72%、6.19%和6.05%，江苏分别为6.16%、6.26%、6.44%和6.59%，山东省出现了从领先粤、苏两省到落后于两省的状况。[①]

一、从产业层面看，推动新旧动能转换的困难还比较多，任务仍十分艰巨

山东省长期以来被定位为全国重要的粮食、能源和原材料生产基地，工业生产以原材料初加工为主，处于产业分工的较低层次。这种传统发展路径目前尚未得到根本扭转。具体表现为：一是能源资源依赖性强，总量消耗大。山东省是能源资源消耗大省，2016 年能源原材料产业占比为 40.9%，分别高于广东、江苏 15.8 和 12.2 个百分点；主营业务收入排前三位的化工、食品、纺织均为资源型产业，而广东、江苏两省的第一大行业均为计算机通信制造业。以农林牧渔业为主要原料的消费品工业主营业务收入占规模以上工业的 30.5%，分别比江苏、广东高 8.1 和 9.2 个百分点。装备工业主营业务收入仅占规模以上工业的 28.3%，低于全国平均水平 5.9 个百分点，分别比江苏、广东低 12.7 和 14.3 个百分点。二是一些行业布局分散，集中度低。除造纸、玻璃、电解铝等行业外，多数行业特别是钢铁、地方炼化行业的市场集中度不高，产业布局分散、企业规模偏小的问题突出。山东省有钢铁联合企业 21 家，平均产能 414 万吨，500 万吨以上的企业只有 2 家，200 万吨以下的有 6 家。地炼企业有 39 家，平均产能 330 万吨左右，产能 300 万吨以下的有 16 家。三是中低端产品多，高附加值产品少。山东省工业品种初级产品多，多数处于价值链中低端，高附加值和高科技含量的产品较少。纺织服装行业中，服装服饰业产值仅占 24%，而广东占比达到 61%。食品行业中，精深加工食品产值仅占食品工业总产值的 40%。家具行业中，山东省板材产量占全国的 25%，家具仅占全国的 12%。医药行业中，原料药和低价药比重偏高，终端制剂产品占医药产业主营收入的 20%左右，低于江苏 20 个百分点。农业机械、轻工机械、工程机械等行业信息化高端产品占比不到 20%。四是新产业新业态规模较小，领军型大企业少。战略性新兴产业占 GDP 比重比全国平均水平低 2 个百分点左右，仅信息产业主营业务收入就比广东、江苏分别少 2.4 万亿元和 1.8 万亿元，占本省工业的比重比广东、江苏分别低 20.5 和 10.9 个百分点；集成电路产量仅相当于江苏的 1.71%、广东的

① 数据来源：综合山东省、广东省、江苏省 2013～2016 年国民经济和社会发展统计有关信息。

2.69%,缺乏像华为、中兴、腾讯等领军型企业。五是"四新"跨界融合不够,新技术渗透不足。机床整机制造行业数控化率为25%,比全国平均水平低8个百分点。规模以上企业中处于信息化单项应用阶段的占46.2%,信息化与工业化融合指数为93,分别低于广东、浙江、江苏5.8、5.2和4.4个百分点。鲁、粤、苏三省排行前十的行业的主要经济指标对比情况如表5-1所示。

表5-1　　鲁、粤、苏三省前十大行业主要经济指标对比　　单位:亿元

山东省		广东省		江苏省	
行业	主营收入	行业	主营收入	行业	主营收入
化学原料和化学制品制造业	17758.8	计算机通信等电子设备制造业	32675.1	计算机通信等电子设备制造业	18915.2
农副产品加工业	13273.9	电气机械和器材制造业	12709.6	化学原料和化学制品制造业	18534.9
纺织业	9456.8	汽车制造业	6651.6	电气机械和器材制造业	17308.4
通用设备制造业	8299.8	电力热力生产和供应业	6492.1	黑色金属冶炼和压延加工业	9741.3
石油加工炼焦和核燃料加工业	8249.4	化学原料和化学制品制造业	6101.5	通用设备制造业	9243.4
非金属矿物制品业	8100.0	金属制品业	5861.2	纺织业	7382.2
有色金属冶炼和压延加工业	7085.5	橡胶和塑料制品业	4989.4	汽车制造业	7342.6
汽车制造业	7037.9	非金属矿物制品业	4928.7	金属制品业	6475.4
专用设备制造业	6288.0	纺织服装、服饰业	3997.7	专用设备制造业	6264.0
电气机械和器材制造业	6268.3	通用设备制造业	3664.4	农副产品加工业	5099.6

二、从企业层面看，推动新旧动能转换的意识不够强、办法不够多

“永不满足，不断创新，追求卓越”的企业家精神尚未形成先导，创新能力不强、管理方式粗放等问题导致企业发展内生动力不足，制约了新旧动能转换步伐。一是部分企业家思想保守，管理层专业化程度低。一些企业家的思想观念和视野跟不上市场经济形势变化，缺乏抱团发展的意识和干事创业的激情。部分企业管理层职业化、专业化程度不够，习惯沿用传统经验管理，现代企业制度不健全，法人治理结构不完善，决策的民主化、科学化不够。特别是面对新一轮科技革命和产业变革，不少企业战略方向迷失，转型路径不清晰，错失发展机遇。二是创新投入不足，成果转化率低。当前，山东省企业发展主要依赖产能扩大和产能叠加，依靠创新驱动、内生增长的发展机制尚未形成主导。2015 年，山东省规模以上企业中开展研发活动的占 13.9%[①]，比全国低 2.7 个百分点；企业研发投入强度仅为 0.89%，比广东、江苏分别低 0.34 和 0.13 个百分点。特别是中小企业研发投入明显偏低，中型企业、小型企业研发投入强度分别为 0.84% 和 0.43%，较江苏分别低 0.35 和 0.44 个百分点。技术创新成果转化率仅有 20%左右。2015 年山东省新产品产值仅占工业总产值的 10.1%，较江苏、广东分别低 6.4 和 8.3 个百分点。三是质量品牌建设滞后，高端市场竞争力弱。2010～2016 年，我国进入世界品牌 500 强的品牌数量从 17 个增加到 36 个，而山东省一直仅有海尔、青啤 2 个品牌入围。山东省工业企业入选 2016 年度中国品牌 500 强的有 37 个，比北京、广东分别少 50 个和 63 个。[②] 四是企业外向度不高，融入经济全球化步伐慢。山东省工业品在省内、国内和国外的销售额比例约为 5∶3∶2，省外市场份额偏低。外商及港澳台投资企业为 3905 家，分别比广东、浙江少了 9220 家和 1748 家；实现主营业务收入占规模以上工业的比重为 12.8%，远低于广东的 40.9%、浙江的 22.1%。五是人才队伍建设相对薄弱，智力支撑能力不强。山东省院士拥有量不足上海的 1/4、广东的 1/2；高层次专家人才仅占科技活动人员总数的 6.9%，低于上海的 7.4%和广东的

① 参见陈晓婉：《仅 13.9%规模以上工业企业有研发活动》，《大众日报》2016 年 10 月 21 日。

② 参见崔德政：《M 省 W 市传统产业转型升级政府职能研究》，山东科技大学公共管理专业硕士学位论文，2018 年，第 27 页。

7.3%。高技能人才相对短缺。2016年山东省技能人才数量达到1020.7万人，其中高技能人才268.8万人，仅占26.3%。用工总量压力和结构性矛盾已成为许多企业面临的现实难题。

三、从政府层面看，推动新旧动能转换的政策力度还不够大、环境还不够宽松

产业新旧动能转换的主体是企业，但也需要政府创造良好的法律和政策环境。当前，发展环境方面存在的主要问题有：一是法规体系尚不健全，依法行政滞后。传统产业转型升级中的技术进步、兼并重组、淘汰落后产能以及新技术、新产业、新业态、新模式的规范发展仍面临很多热点难点问题，现行法规难以完全适应，迫切需要通过相关立法和加强监督的方式来解决。二是政策合力不够大，政府导向乏力。与南方先进省份相比，省内部分地区和部门缺乏不断解放思想、与时俱进的高度自觉，新常态下推动产业转型升级的视野不宽、眼光不远、力度不大，引导能力不足，制约了传统动能改造提升的速度和力度。三是金融环境还不宽松，融资成本较高。受金融风险上升影响，部分银行机构提高放贷门槛、提高杠杆率，导致中小微企业融资难、融资贵问题加剧。目前，中小微企业贷款综合利率一般为10%～12%，个别议价能力较差的小微企业达到15%左右。四是公共平台建设滞后，管理服务体系不够完善。尽管近年来山东省产业聚集度逐步提升，但面向产业集群、产业园区的管理和服务体系仍较滞后，生产生活设施配套、创业创新服务平台建设等方面的政策偏少、力度偏弱，特别是缺乏激励企业参与管理服务体系建设的体制机制。

当前，山东省推进新旧动能转换，离不开新兴产业的培育发展，更离不开传统产业的改造升级。我们必须坚持问题导向，进一步加大力度、加快速度，从根本上补齐短板、提高质效，打造传统产业发展新优势，培育工业发展新动能，为全省新旧动能转换作出新的更大贡献。

第三节　以“八个推动”提升“八个新动能”

加快改造提升山东省工业传统动能，总体思路是：牢牢把握“走在前列”

的目标定位，以推进供给侧结构性改革为主线，以提高工业发展质量效益为中心，瞄准传统产业的关键领域和薄弱环节，以“八个推动”提升“八个新动能”，加快传统产业应用新技术、推广新模式、培育新业态、派生新产业，实现产业智慧化、智慧产业化、跨界融合化、品牌高端化。

一、推动产业布局集约化，以新结构提升协调发展新动能

以国家新旧动能转换综合试验区为主战场，发挥山东省海岸线长、海陆交通便利的优势，遵循循环型、低碳型、集聚式发展模式，在严把节能、环保等准入门槛的基础上，加快推动钢铁、石化等“大进大出”型重化工业向沿海地区布局。根据区域产业定位、资源环境承载力，高起点、高标准规划和建设一批产业功能区，实现差异化发展，避免低水平重复建设。积极开展对外产能和装备合作，制定扶持激励政策，推动传统优势产能向省外、国外转移，妥善化解产能过剩矛盾。

二、推动创新体系协同化，以新技术提升自主发展新动能

面向优势产业和产业集群，依托龙头骨干企业，加快培育形成一批特色鲜明、辐射性强、运行高效的行业性技术创新平台，引导技术人才、研发机构、社会资本、技术成果等资源逐步向公共创新平台聚集。积极争创国家制造业创新中心，建立若干省级制造业创新中心。围绕传统产业改造升级需求，加快攻克一批有全局性影响、带动性强的关键核心技术。推动创新成果产业化应用，鼓励骨干企业牵头成立行业技术创新联盟，形成共同投入、风险共担、成果共享的产学研协同创新体系。

三、推动制造过程智能化，以新模式提升智慧发展新动能

大力推广智能制造模式，开展智能制造新模式试点示范，建设一批智能工厂、数字化车间。加快传统产业智能化改造，推动生产制造方式向数字化、精细化、柔性化转变，提高精准制造、敏捷制造能力。强化智能制造装备支撑能力，研发具有深度感知、智慧决策、自动执行功能的高档数控机床、工业机器人、增材制造等智能装备，突破新型传感器、智能测量仪表、工业控制系统、伺服电机及驱动器和减速器等智能核心装置，推进工程化和产业化。

四、推动品牌建设高端化，以新供给提升竞争发展新动能

以"质量强省""品牌强省""标准强省"建设为抓手，大力弘扬"工匠精神"，激励和带动更多企业提高产品质量、打造知名品牌。在消费品领域集中开展增品种、提品质、创品牌"三品"专项行动，提升传统优势供给，增加中高端供给，扩展新兴供给，更好地适应需求高端化、个性化趋势。开展质量提升行动，突出"省长质量奖"示范带动。[①] 鼓励企业采用国际标准或国外先进标准，支持专利技术向标准转化，推动团体标准建设。以"好品山东"为引领，借助央视等国家级媒体，大力宣传山东优秀工业产品，集中树立山东工业区域品牌、集群品牌形象，扩大"山东制造"品牌的影响力。

五、推动企业管理精细化，以新活力提升内涵发展新动能

坚持眼睛向内、苦练内功，推动企业管理全面创新，提升企业发展的内在活力。深化国有企业改革，完善企业市场化经营机制。持续实施规模企业规范化公司制改制"五年行动计划"，力争三年内50%以上的规模企业完成改制任务。深入实施精益管理，大力推广"六西格玛""丰田精益管理"等先进管理方法，实施制造业劳动生产率提升计划和产品产销率提升计划。深入开展行业对标行动，发挥好省政府"企业管理创新成果奖"引导作用，每年选树一批"管理创新示范企业"，组织广大企业对标学习，推动企业解放思想、更新观念、创新技术、强化管理。

六、推动跨界方式多元化，以新业态提升融合发展新动能

深化制造业与互联网融合发展，加快构建基于互联网的制造业"双创"平台新体系，培育网络化生产制造新模式。积极开展制造业与互联网融合发展试点示范，推动企业"两化"融合管理体系标准普及。实施服务型制造行动计划，引导和支持制造业企业延伸服务链条，增加服务环节投入。开展制造业服务化试点，鼓励发展工业设计、个性化定制服务、全生命周期管理、网络精准营销、在线支持服务等。培育壮大军民融合产业，以基础配套、零

---

① 参见《山东省人民政府办公厅关于加快推进工业创新发展转型升级提质增效的实施意见》(鲁政办发〔2017〕1号)，2017年1月1日。

部件领域为重点,发展一批"民参军"专业化企业。[1] 坚持"三产融合、工业统领",采用工业化组织模式,以工业为主导带动农业、服务业共同进步,促进一、二、三产业融合发展。

七、推动发展方式绿色化,以新变革提升持续发展新动能

加快构建高效、清洁、低碳、循环的绿色制造体系,推动高消耗、高排放传统发展模式变革,不断提高传统产业可持续发展能力。加快制造业绿色改造升级,推进钢铁、有色、化工、建材、轻工、印染等传统产业绿色改造。加强绿色产品研发应用,持续提升电机、锅炉、内燃机及电器等终端用能产品能效水平,大幅降低电子信息产品生产、使用能耗及限用物质含量。推进资源高效循环利用,持续提高绿色低碳能源使用比率,开展工业园区和企业分布式绿色智能微电网建设。全面推行循环生产方式,促进企业、园区、行业间链接共生、原料互供、资源共享。推进资源再生利用产业规范化、规模化发展,大力发展再制造产业和节能环保产业。[2]

八、推动政策环境宽松化,以新机制提升健康发展新动能

深化"放管服"改革,提升政府服务水平,创造有利于创业兴业的良好环境。进一步加大财政资金投入力度,发挥好股权投资基金作用,对传统动能改造提升重点项目实施贷款贴息、事后奖补等政策。进一步推动落实好重大技术装备进口等领域的税收政策。加强金融服务创新,建立政府与金融机构的沟通协调机制,搭建银企对接合作平台,推广"无间贷""连连贷"等无还本续贷产品,降低企业融资成本。建立企业负担调查信息平台,完善涉企收费项目清单制度,适度扩大电力直接交易规模,帮助企业降本增效。

第四节　加快传统产业改造的路径

要加快传统产业改造,必须紧紧围绕打造传统产业发展新优势,找准抓

---

① 参见《山东省人民政府办公厅关于加快推进工业创新发展转型升级提质增效的实施意见》(鲁政办发〔2017〕1号),2017年1月1日。

② 参见《中国制造2025》(国发〔2015〕28号),2015年5月19日。

手、精准发力，加快推动传统动能改造提升。

一、加强企业家队伍建设

大力弘扬企业家精神和“工匠精神”，引导企业家苦练内功、精益求精、提质增效、追求卓越，为传统产业改造升级提供坚实有力支撑。以培育规模大、效益好、贡献多、创新强的特大型企业集团为重点，培养造就擅长国际化经营管理、具有一定国际市场影响力的企业家。以培育国内领先企业为目标，以行业骨干企业为重点，培养造就经营业绩突出的知名企业家。以培育行业领军企业为目标，以细分市场单项冠军和“专、精、特、新”龙头企业为重点，培养造就一批富有创新精神和“工匠精神”，在省内具有一定行业或区域影响力的企业家。[①] 力争到2021年年底，全省企业家总量明显增加、结构明显优化、素质明显提高，初步建成一支具有创新精神和创业能力、熟悉国内国际市场、精通企业管理的现代化、国际化企业家队伍。

二、加快新一轮高水平技术改造

坚持高端、高质、高效方向，持续推进“敲开核桃，一业一策”，持续加大技术改造力度，促进传统产业向价值链高端发展。一是实施技改。在全省实施新一轮高水平企业技术改造工程，着力推进技术创新成果产业化，提高企业技术工艺装备水平和智能制造水平，优化产品和产业结构，提升供给质量和水平。二是推进主导产业提质增效。巩固重点支柱产业的领先地位，抓好高端装备、信息技术、纺织服装、食品等万亿级支柱产业，增创竞争优势，提升行业话语权，扩大国际国内市场影响力；壮大增势突出产业的竞争实力，抓好主营业务收入5000亿元左右、发展势头迅猛的医药、新材料、汽车等优势产业加快向万亿元级迈进，加快形成新的增长板块；激发特色鲜明产业的创新活力，抓好主营业务收入千亿元左右、比较优势明显的家电、农机、造纸、有色金属、轮胎、船舶等特色产业，提高产业附加值、产能利用率和市场占有率。[②] 三是提升工业基础能力。积极对接国家工业强基专项，以提升

---

① 参见王天宇：《山东打造“明星”企业家》，《走向世界》2017年2月1日。

② 参见《山东省人民政府办公厅关于加快推进工业创新发展转型升级提质增效的实施意见》（鲁政办发〔2017〕1号），2017年1月1日。

制约制造业技术水平的核心基础部件（元器件）、先进基础工艺、关键基础材料、产业技术基础（统称“四基”），以及自动控制和感知硬件、工业核心软件、工业互联网、工业云和智能服务平台（统称“新四基”）为重点，突出产业重点领域和共性关键环节，定期发布攻关指南，组织开展全社会技术协作与联合攻关，全面提升工业基础能力。

三、推进智能制造

以建设新型智慧园区和智能工厂为重点，加快推进智能制造，推进互联网与制造业融合发展，提升传统产业数字化、网络化、智能化水平。（1）推进制造业与互联网融合发展。聚焦互联网“双创”平台、网络化制造模式、工业电子商务等方向，遴选出制造业与互联网融合发展试点示范项目，探索形成可复制、可推广的新业态新模式。（2）做强智能制造装备。实施智能制造装备补短板行动，每年遴选一批重大技术装备实施公开招标攻关，遴选一批进出口装备的替代赶超项目，培育一批技术装备创新和市场推广项目。（3）实施智能制造示范带动。每年遴选一批行业龙头企业、骨干企业实施智能制造工厂、车间改造；选择一批中小企业负责人进行智能制造专业知识培训。

四、加快品牌标准培育

抓住知名品牌少、品牌附加值低、企业品牌意识薄弱等发展软肋，以“弘扬老品牌，做强大品牌，培植特色品牌”为目标，深入挖掘青啤、张裕、东阿阿胶 3 家百年品牌企业经验，选择一批品牌价值高、创新能力强、具有一定规模的企业进行重点培育，实施品牌基础、品牌形象、品牌传播、品牌创新、品牌人才、品牌国际化等六大提升工程。①

五、加快生产性服务业培育

加快制造与服务协同发展，推动商业模式创新和业态创新，促进生产型制造向服务型制造转变，建立起结构优化、功能完备的生产性服务业体系。（1）培育新型服务业态。鼓励优势制造业企业“裂变”专业优势，大力发展面

---

① 参见淄博市联合调研组：《关于我市传统产业技术改造的调研报告》，《淄博日报》2017 年 7 月22 日。

向制造业的信息技术服务、工业设计、现代物流、融资租赁、节能环保服务、检验检测认证、电子商务、商务咨询、服务外包、人力资源服务、售后服务、品牌建设等服务业态。(2)推广个性化定制。学习借鉴海尔、红领、迪尚等企业经验，以服装、箱包、农机、汽车、电梯、物流装备、机床加工装备等行业为重点，加快培育一批个性化定制企业，引导传统制造企业利用互联网采集用户个性化需求，发展设计定制、生产定制、方案定制、服务定制等个性化定制新模式，构建基于数据自动流动的生产体系，促进供给与需求精准匹配。(3)推进工业云和大数据应用。面向钢铁、汽车、建材、医药、电子信息、纺织服装等重点行业，积极建设一批行业云平台、区域云平台、企业私有云平台，培育一批大数据创新应用试点示范项目；基于云平台推进研发设计、数据管理、工程服务等的开放共享，推动大数据在研发设计、生产制造、经营管理、营销服务等产业链全流程的应用，打造新型的生产和服务组织模式。

六、加快绿动力提升

山东省是能耗第一大省，能源消费总量占全国的8%左右，其中，工业生产用能占全社会用能的比重超过70%。为缓解资源和环境压力，应继续实施绿动力工程，提升工程效应。(1)拓展工业绿动力计划。推广工业绿动力计划试点经验，重点实现从试点城市向全域面上推开拓展，从燃煤锅炉改造向建材、煤化工、焦化等重点用煤行业拓展，从太阳能工业热利用向空气能、地热能、生物质能等领域拓展。[①] (2)实施能效“领跑者”制度。在焦化、锅炉制造、煤粉制备等行业树立节能低碳标杆，鼓励开展能效对标达标活动，定期发布《重点节能技术、产品和设备推广目录》。对燃煤锅炉实施清洁能源置换，或进行煤粉、水煤浆等高效环保锅炉替代改造。开展“好炉+型煤”模式应用试点，提高锅炉热效率和燃煤燃尽率。(3)推动智慧能源应用。依托工业聚集区，运用云计算、大数据等技术，开展能源在线监测和管理，加强能源梯次利用。

---

① 参见山东省经济和信息化委员会:《牢记使命勇于担当 奋发有为真抓实干 加快建设制造强省 努力打造山东新工业》,《山东经济战略研究》2018年第Z1期。

七、加快对外开放和产能合作

以企业为主体、市场为导向，推动山东省传统产业更深融入全球产业分工合作，更好利用全球资源和市场，提高外向型经济发展水平。(1)促进优势产能“走出去”。积极响应“一带一路”倡议，以钢铁、有色金属、轮胎、纺织、建材、工程机械、油气开采装备、轨道交通装备等行业为重点，面向资源条件好、配套能力强、市场潜力大的省外和国外市场，以成套设备出口、投资、收购、承包工程等方式，鼓励优势企业在外建设研发中心、生产基地、分销网络、维修维护中心等，拓展新的发展空间。加强企业间的协调与合作，鼓励企业“抱团发展”，遵守公平竞争的市场秩序，防止无序和恶性竞争。(2)加快高端要素“引进来”。盯住传统产业改造升级中的关键领域和薄弱环节，主动对接世界500强企业、大型央企、知名民企，大力引进先进技术、管理经验、高端人才和重大项目，为山东省工业经济转型发展增添新的动力。(3)创新开拓国内外市场。发挥山东省产业集群、质量品牌、专业市场等线下优势资源，依托“好品山东”等网络营销服务平台，引导企业利用互联网和信息技术，突破外部资源利用的时空界限，大力发展境内外电子商务。鼓励企业为适应电子商务特点和消费新风尚，对产品设计、品牌推广、营销方式、渠道物流、支付结算、售后服务等环节进行革新，以新业态促进线下生产与销售，提升山东省工业品省外国外市场份额。[①]

第五节　国家层面和省级层面的政策建议

当前，加快推进传统产业改造升级，迫切需要强化政策支持，创新体制机制，优化发展环境，尽快取得突破性、实质性进展。

一、国家层面应加大财税政策支持力度

在国家层面上，加大财税政策支持力度将取得事半功倍的效果。

---

① 参见王喜荣、刘泽惠、桂琰：《缓解榆林市民营企业融资难的几点建议》，《榆林学院学报》2016年第1期。

(一)提高固定资产折旧率

参照天津滨海新区和东北老工业基地政策,允许山东省"工业企业的固定资产(房屋、建筑物除外)可在现行规定折旧年限的基础上,按不高于40%的比例缩短折旧年限。工业企业受让或投资的无形资产,可在现行规定摊销年限的基础上,按不高于40%的比例缩短摊销年限"。

(二)加快重大创新成果转化

资金投入不足是制约创新成果转化的一个重要问题。建议国家有关部委加大对国家科技进步一等奖创新成果的奖励力度,特别是加大对创新成果产业化的推广力度,促进创新成果形成规模效益。

(三)支持危化品企业搬迁

危化品企业搬迁基本上等于异地重建,周期长、投入大。据调查,山东省共有185家企业计划搬迁,需投资600亿元左右。建议国家继续加大专项建设基金支持危化品企业搬迁力度,并进一步研究财政、税收等政策支持企业搬迁,同时相关政策应兼顾到民营企业。

二、省级层面宏观上积极争取国家相关政策支持

传统产业改造升级意义重大,需进一步得到国家相关政策的支持。

(一)争取国家对行业创新平台建设的支持

目前,山东省高性能医疗器械制造业创新中心、时尚创意设计集成服务平台、工业互联网创新中心、高速列车技术创新中心等4个行业创新平台建设均已取得阶段性成效。建议省政府加大工作力度,积极争取工信部支持山东省创建国家制造业创新中心。

(二)争取国家有关试点示范项目

近年来,国家有关部委先后开展了"中国制造2025"试点示范城市、国家技术创新示范企业、智能制造试点示范项目、智能制造示范区、"两化"融合管理体系贯标试点、制造业单项冠军示范(培育)企业、工业企业品牌培育试点示范、产业集群区域品牌建设试点、产融合作试点城市、循环经济试点单位等,建议山东省争取将更多项目纳入国家试点示范。近期,需要对接争取的有:一是"中国制造2025"试点示范城市群。拟以胶东半岛城市群(青岛、淄博、烟台、潍坊、威海)申请"中国制造2025"试点示范城市群。二是国家大

气污染防治支持政策。山东省大气污染防治已被纳入京津冀协同治理范围，山东省应争取将其纳入国家扶持政策范围。三是国家用能权初始分配制度试点。目前，国家发改委已在浙江、福建、河南、四川开展用能权有偿使用和交易试点。山东省自2013年开始探索节能量交易制度，设立了省能源环境交易中心，产生了良好效果。建议争取国家发改委将山东省纳入用能权初始分配制度试点。

（三）争取建设国家级高端石化基地

为推进石化产业健康有序发展，严防产能过剩，2014年国家在东部地区的广东、福建、浙江、上海、江苏、河北、辽宁六省一市规划了7个石化基地。山东省是石化大省，国家布局直接制约着山东省炼化一体化项目、大型乙烯、PX（对二甲苯化工）等项目落地，影响了山东省石化产业发展。建议省委、省政府积极争取，使山东省成为国家级高端石化产业基地。若现行产业布局不能调整，建议争取将山东省一批重大石化项目列入国家规划。

三、省级层面中观上的政策措施

在省级层面上，我们提出以下九条政策建议。

（一）加大对建设区域性共享工厂的支持力度

建设印染、铸造两个行业的区域性共享工厂，对提高产业集中度、补齐产业链短板、提升行业技术装备水平、促进行业节能减排具有重要意义，并可为其他行业建设共享工厂探索经验。

（二）出台整合钢铁、地炼企业产能政策

为解决山东省钢铁、地炼企业布局分散、规模偏小的问题，推动建设大钢铁、大炼化项目，建议省里推广造纸、玻璃等行业的产能整合经验，研究制定钢铁、炼油产能置换交易政策，在遵循国家有关政策的前提下进行产能置换交易。通过3～5年时间，推动山东省年产能200万吨以下钢铁企业、年产能300万吨以下原油加工企业全部退出市场，整合形成5家左右大型钢铁集团、3～5家千万吨以上炼油企业。

（三）完善四轮低速电动车生产和使用管理机制

建议加快出台四轮低速电动车技术条件地方标准、四轮低速电动车登记管理办法，按照“升级一批、规范一批、淘汰一批”的思路推动生产企业转型升级，对安全技术性能达到标准、经检测合格的车辆进行登记管理，明确行驶区域、准行道路、驾驶人资格、车辆保险等限定条件，促进低速电动车产业科学有序发展。

（四）推动并网型微电网建设

建议依托魏桥、信发、南山等电解铝龙头企业，妥善解决其局域电网、自备机组的历史遗留问题。利用集成分布式能源及智能一体化电力能源控制技术，建设具有功率平衡控制、系统运行优化、故障检测与保护、电能质量治理等功能的并网型微电网，在实现区域内电能自我运行管理的同时，与公共电网建立双向互动关系，灵活参与电力市场交易，探索电力能源服务的新型商业运营模式和新业态，加快电力体制改革步伐。

（五）建立财税政策激励机制

建议参照广东、浙江等省做法，完善以下激励机制：(1)实施贷款贴息政策。未来3～5年内，省财政安排专项资金，对符合《工业企业技术改造投资升级指南》要求的、纳入重点技术改造项目库的项目予以贷款贴息支持。(2)实施事后奖补政策。对符合《工业企业技术改造投资升级指南》要求的、纳入重点技术改造项目库的项目，省、市、县财政通过预算安排，从完工下一年起连续3年内，按对财政贡献增量额度中省级分成部分的60%、市级分成部分的50%、县级分成部分的40%实行以奖代补。

（六）建立地方金融机构考核评价机制

建议对省、市两级地方金融机构支持工业经济发展情况进行考核评价，主要考核各地方金融机构全部贷款余额中工业贷款余额所占比重和工业贷款余额中中长期贷款余额所占比重，并把这两项指标作为考核评价地方金融机构主要负责人任期内绩效表现的重要内容，引导金融机构加大对工业实体经济信贷支持力度。

（七）科学配置土地资源

一是鼓励企业实施"零增地"技术改造。对企业"零增地"技改项目，最大程度简化环评、安评等审批手续。二是建立工业用地倒逼机制，将新增用地指标与存量工业用地产出效益挂钩，对各地单位工业用地创造的销售收入和利税情况进行考核评价，根据考核结果配置新增用地指标，对未达到产出效益最低标准的,不予提供新增工业用地指标。[①]

(八)健全新旧动能转换统计指标体系

目前的工业统计指标体系在某些方面已经不能满足新常态下经济工作需求,建议对统计的范围、口径、行业类别等进行调整,以适应推进新旧动能转换工作需要,为省委、省政府提供更加科学的决策依据。

(九)建立工业运行大数据平台

建议依托省经济和信息化研究院,运用大数据等信息化手段,融合各方面涉及工业的指标数据,打造互联互通、信息共享的工业经济运行监测平台体系,精确服务经济发展大局。

① 参见陈凯:《地方政府防控工业经济下行风险的管理机制研究——以济南市为例》,山东大学公共管理专业硕士学位论文,2019年,第28页。

第六章　山东省以“四新”促“四化”的实现方式和保障措施

培育壮大“四新”经济，是认真落实习近平总书记系列重要讲话和视察山东重要指示的实际行动，也是加快供给侧结构性改革、推动山东由大到强战略性转变、真正当好“领头雁”、实现“走在前列”目标的战略举措。未来一段时期，必须要用世界眼光，高瞻远瞩、高点定位，认真谋划、系统部署，加快培育“四新”经济，着力打造环渤海地区“四新”经济发展高地，力争成为全国重要的“四新”经济策源地和示范区。总体思路是：贯彻创新、协调、绿色、开放、共享五大发展理念，以供给侧结构性改革为主线，围绕“四新”促“四化”战略方向，大力组织实施山东省“互联网＋”三年行动、“四新”经济集聚发展重大工程、创新体系建设重大工程等全局性重大行动和工程，以打造现代产业体系为核心，突出信息技术、生物技术、低碳技术等重大技术引领，加快培育壮大战略性新兴产业，真正实现“智慧产业化”，推动形成一批占据产业制高点的支柱性和先导性新产业；突出智能制造技术和信息技术广泛嵌入应用，促进传统制造业的智能化升级，推动制造业、农业与服务业发展方式的“跨界融合化”，真正实现“产业智慧化”，培育形成一批新业态、新模式。

第一节　培育壮大战略性新兴产业

一、明确路径和定位

以创新为发展的第一动力，以重大项目带动、市场消费拉动、开放拓展空间、多元投融资、人才队伍建设、协调组织推进等措施为保障，着力促进战略性新兴产业向规模化、绿色化、集聚化、国际化、服务化发展，力争5年内培育形成一批创新骨干企业以及一大批创新突出、机制灵活的中小“隐形冠军”企业。在新一代信息技术、生物、高端装备、新材料、现代海洋、绿色低碳等产业领域实现产值规模重大突破，成为环渤海地区战略性新兴产业发展高地，全国重要的战略性新兴产业发展策源地和示范区。

二、聚焦重点领域

以新一代信息技术、生物、高端装备、新材料、现代海洋、绿色低碳、数字创意等七大产业为发展重点，依托现有基础和优势，进一步聚焦细分领域，既在“新”上发力，也在“战略性”上下功夫。一是加快新一代信息技术产业发展。加快开展集成电路、新型显示等重大项目研究布局，积极推进高端整机、物联网等核心技术的开发、应用及产业化，促进新一代信息技术产业相关领域协同跨越发展，打造互联、融合、智能、安全的信息技术产业体系，全方位拓展网络经济新空间。二是推动生物产业发展。瞄准生物技术、基因工程等前沿技术方向，大力发展生物医药、生物医学工程、生物农业、生物制造等产业，重点推动济南生命科学城、山东国际生物科技园等重大项目，建设技术先进、产业密集、特色明显、国际化程度较高的全国重要生物产业集聚地。三是积极发展高端装备产业。顺应装备制造业智能化、绿色化、服务化、国际化发展趋势，着力提升高端装备制造业创新能力和国际竞争力，发展智能装备、轨道交通装备、通用航空装备和特种专业装备等，建成全国重要的高端装备制造基地。四是重视新材料产业发展。顺应新材料高性能化、多功能化、智能化、绿色化的发展趋势，重点发展先进高分子材料、无机非金属功能材料、高性能冶金材料、高性能纤维及复合材料，积极布局量子、纳米、石墨烯、超导等前沿新材料，着力提高新材料的应用水平，构建支撑高端装备制造和绿色发展、具有较强竞争力的新材料产业体系。五是力促现代海洋产业发展。拓展海洋智能信息化及海洋服务业发展新空间，培育智慧海洋、海工装备等前瞻性产业，构建低消耗、低污染、高收益的现代海洋产业体系，巩固扩大走在全国前列的优势地位。六是大力发展绿色低碳产业。围绕“生态山东”和“绿色山东”建设目标，顺应新能源技术应用系统化、模块化、分布式方向，重点发展新能源汽车、节能环保、新能源等产业，推动节能环保制造业与服务业联动发展，推动实施中通客车节能与新能源客车系统研发和产业化、秸秆制浆造纸综合利用等重大项目，加快形成绿色产业结构、绿色增长方式和绿色消费模式。七是努力开拓数字创意产业。以文化创意、设计服务为核心，引导支持数字创意产业领域的产品、服务、模式、业态创新，实现与相关产业融合发展，构建文化引领、技术先进、要素齐备、链条完整、结构合理、效益良好的数字创意产业发展格局。

第二节　提升传统产业现代化水平

当前，全球制造业网络化、智能化、柔性化、服务化进程加快。山东省应引导制造业企业积极参与智能化升级改造，探索适合行业特点和自身实际的融合发展新模式。随着服务业与信息技术的深度融合，山东省应加快提升服务业的现代化水平，促进服务业集聚、创新、高端化发展。加快发展农业新型业态，培育多元化融合主体，健全紧密型利益联结机制等，推动农村产业“三链重构”，形成农业“新六产”。

一、加快制造业智能化步伐

继续推进实施信息化和工业化“两化”深度融合战略，坚持传统制造向智能制造的转型。实施跟踪模仿战略，借鉴德国工业 4.0 的成熟经验，推动山东省智能制造转型发展。一是加快推动生产方式智能化。以构建新型制造体系为目标，以推动制造业数字化、网络化、智能化发展为主线，实施智能制造工程；同步推进数字化普及、智能化示范，突破智能制造关键技术与装备，推动生产方式向柔性、智能、精细化转变。二是加快推动装备智能化。加快发展智能制造装备，研制推广一批对行业转型升级具有重大影响的首台(套)装备和关键核心部件，提升高端装备的国产化水平。重点推进机械、石油化工、冶金、建材、纺织、民爆、食品、医药、造纸、包装等制造领域高端装备自主化、成套化、智能化。三是大力开展智能制造试点示范。在基础条件好和需求迫切的重点地区、行业，分类开展流程型智能制造、离散型智能制造、智能装备和产品、网络协同制造、大规模个性化定制、远程运维服务等 6 个方面试点示范。四是实施“机器换人”改造。鼓励企业利用先进自动化生产设备进行升级改造，进一步提高劳动生产率和产品优质率，降低企业生产成本，提升企业发展质量和效益。

二、拉长融合发展链条，打造农业“新六产”

以一、二、三产业融合发展为抓手，建设完善高层次食品标准，提升农产品安全管理水平，增加绿色优质农产品供给，引导农业生产标准化和品牌创建，实现山东由“农业大省”向“农业强省”转变。一是加快农业“接二连三”，形成一批农产品加工优势产业集群和农村特色产业带，打造一批区域性冷链物流中心，形成农超、农企、农旅等多种形式的销售模式。鼓励引导在“一县一品”的基础上拉长产业链条，加快推动粮经饲统筹、农林牧渔结合，提高农产品附加值，打造全产业链发展模式。二是实施精致农业提升工程，以生产高品质、高科技含量、高附加值的农产品为目标，大力发展产业精神、产品精品、经营精准、服务精细、装备精良、景观精美、文化精粹的精致农业，建设一批精致农业示范基地。三是推动互联网、物联网、云计算、大数据与现代农业结合，构建依托互联网的新型农业生产经营体系，促进智能化农业、精准农业发展，催生农村新产业新业态。

三、积极促进传统服务业现代化

一方面推进商贸零售、共享经济等生产性服务业发展，另一方面积极推动养老服务、医疗卫生等生活性服务业转型升级，提高服务业的现代化水平。一是加快新一代科技信息技术在服务业的推广应用，支持传统服务业企业向互联网转型，鼓励互联网企业向传统服务业进军，对传统服务业进行改造优化提升。二是大力实施“互联网＋流通”行动，鼓励在批零餐饮领域发展众筹、分享经济等新模式，构建线上线下融合发展的体验式智慧商圈。三是促进养老和家政服务的智慧化，用现代网络信息技术和经营管理模式，加快构建以居家为基础、社区为依托、机构为补充，功能完善、规模适度、覆盖城乡的养老服务体系。四是搭建商务服务品牌，以法律服务业和会计评估业为切入点，实施品牌战略，推进商务服务业的发展和提升。

第三节　打造融合发展的新业态、新模式

要有效地打造融合发展的新业态、新模式，就应主动适应“四新”经济发展方向，优化体制机制，完善政策体系，率先在制造、农业、能源、民生、物流、商务、交通、环保等领域，组织开展“互联网＋”示范重大工程，培育一批示范应用龙头企业，打造一批跨界融合知名品牌。通过“互联网＋”行动，促进跨界融合，推动传统制造业、农业服务化改造提升，现代服务业新模式、新业态不断孕育。

一、加快推动形成制造业新模式

大力实施“互联网＋”行动计划，支持企业依托互联网探索开展开放式研发设计、个性化定制、制造业服务化创新等新模式。一是大力推广开放式研发设计。加快“互联网＋创新设计”，推动创新主体由单个企业加快向跨领域多主体的协同创新网络转变。支持济南、青岛、淄博等市建设国家级和省级互联网型开放式工业设计中心，鼓励潍柴等大型企业牵头建设行业众包、众设等公共服务平台，推广在线交互研发设计、众包设计、虚拟仿真、增材制造(3D打印)等工业设计新模式。推动第三方平台向行业开放共享，支持中小型企业与行业专家、创客社区、设计企业等创新主体高效对接，降低研发设计成本。二是大力推动个性化定制。选择一批行业龙头企业，组织开展“个性化定制生产”试点示范，在纺织领域推广红领、如意、鲁泰等企业经验，在家电领域推广海尔经验。支持海尔、红领等大型企业建设一批具有示范效应的在线定制平台，收集建立客户大数据，形成专业化的数据库；开展用户消费特点和个性化需求分析，提升精确生产、精准营销、精细服务水平，成熟之后逐步向全行业推广。支持互联网企业整合市场信息，挖掘技术趋势、市场需求、企业运营等价值链大数据，为制造企业拓展个性化定制提供决策支撑。三是推动发展制造业服务化。支持工程机械、交通装备、电力、石化等行业企业采用物联网技术开展现场数据采集传输、设备运行实时监控、故障预测与诊断、健康状态评价等远程主动运维服务，强化互联网对安全生产的保障支撑。推动企业建立覆盖产品全生命周期的网上质量追溯

体系，保障食品、电子、汽车等与消费者息息相关的产品的质量安全，构建产业上下游融会贯通的新模式。

二、加快推动形成农业新业态、新模式

挖掘融合发展潜力，形成以农业多种功能为基点的新业态。一是深入挖掘农业的生态、文化、旅游等功能，推动其与旅游业、文化创意产业、能源工业等的有机结合。大力发展观光旅游、展会经济，实现农业由单一生产功能向生产、生活、文化多功能转变。研究具体行动方案，大力推进乡村旅游，开拓农业生产＋旅游新模式；在资源枯竭地区，探索推动“光伏扶贫＋沉陷区＋农业”融合发展模式，形成集光伏发电、生态农业、观光旅游于一体的新产业。二是以农业产业园区为载体，搭建融合发展平台。把农村产业园区建设作为推进融合发展的有效载体，坚持用工业化、园区化的理念发展现代农业，以现代种养业为主导，融合发展产品加工、现代物流、特色采摘、科普会展、文化传承、养生度假等关联产业，着力打造现代农业综合发展平台，形成原料生产、加工园区、物流营销等环节首尾相连的融合模式。

三、推动物流业融合发展

着力推行以物流为核心的交通运输方式和产业链运营模式创新，大力推动以“互联网＋”为依托的电商物流、智慧物流发展，构建高效的现代物流服务体系。一是在供应链物流方面，深化物流与生产、销售、研发设计、金融等行业的对接，大力发展嵌入式物流，加强上下游供应链协同，推动制造业流程再造，提高第三方物流在制造业各领域的专业化服务能力。二是在“互联网＋”高效物流方面，鼓励物流企业和专业软件开发公司联合研发信息系统，推动物流数据实时采集，信息互联互通互用，同时加强物流信息与公共服务信息有效对接，推动综合运输信息、物流资源交易、电子口岸和大宗商品交易等平台融合发展。三是在城乡配送方面，积极开展与京津冀、长江经济带物流产业的对接与合作，加强对北京、上海、天津等大城市配送末端服务，畅通山东生鲜农产品流通渠道，抢占城市高端市场，打造山东生鲜配送品牌。

四、打造区域工业互联网生态系统

目前，世界著名的工业互联网平台包括：美国通用电气公司 Predix 平台、德国西门子公司 Mind Sphere 平台、中国海尔集团 COSMO 平台。此外，中国航天科工打造的世界首个工业互联网平台 INDICS 也在全球发布。这些平台各具特色，推动了制造业研发、制造方式和运营管理模式的持续变革，并推动着国际市场竞争转化为以平台为核心的生态系统间的竞争。

自 2017 年 11 月国务院颁布《关于深化“互联网＋先进制造业”发展工业互联网的指导意见》以来，工业互联网在国内呈井喷式发展。2018 年 1～3 月，广东省先后发布《广东省深化“互联网＋先进制造业”发展工业互联网的实施方案》和《广东省支持企业“上云上平台”加快发展工业互联网的若干扶持政策(2018～2020 年)》。同年 3 月 14 日，由浪潮、山东钢铁、中国重汽、山东能源等单位共同发起的山东省工业互联网产业联盟正式成立。“两会”期间，相关代表纷纷提出深化工业互联网平台发展的提案。2018 年政府工作报告也提出要进一步发展工业互联网。专业机构普遍认为，2018 年是我国全面实施工业互联网建设及产业落地的开局之年，当时预测到 2020 年，中国工业互联网市场规模高达 1275 亿美元。这也是山东省新旧动能转换的重要机遇。因而，积极打造符合山东省制造业发展实际的区域工业互联网生态系统是促进山东省新旧动能转换、抢占产业竞争制高点、重塑工业体系的必然战略选择，是实现弯道超车的必由之路。

(一)协同相关利益主体，明确山东省工业互联网生态系统构建

定框架：协同研究机构、产业应用者、第三方标准组织、中介组织等主体，针对山东省产业发展实际和目标制定实现路径，进行前沿技术的超前部署，构建完整的工业技术体系，明确优势技术。

划重点：根据确立的实施框架，结合山东省新旧动能转换过程中的产业发展战略、国家级综合实验区建设，确定工业互联网建设领域的重点发展行业、示范基地、标杆企业。

抓关键：结合国家推进工业互联网发展的“323”行动①，重点扶持省内工

① “323”行动是指打造网络、平台、安全三大体系；推进两类应用，一是大型企业集成创新，二是中小企业应用普及；构建产业、生态和国际化三大支撑。

业互联网平台企业和大企业平台化发展;根据山东省实际,平衡发展互联网平台型企业和制造业平台型企业。促进中小企业“上云”,推进“入网入云”的安全性、有效性,降低“入网入云”的成本。实施工业技术软件化工程,重点布局工业软件领域发展。

(二)打造山东省优势突出的工业互联网平台

促进省内工业互联网平台企业结合能源技术等方面搭建平台基础框架,夯实CPS(信息物理系统)的基础支持作用,形成差异化的发展路径;吸引第三方开发者向平台聚集,形成面向特定场景和特定功能的关键能力和核心资产。助力平台企业管理好海量数据,结合区块链技术与大数据技术,提高数据在整个管理过程中的可信度。支持产业联盟、平台企业与科研机构共建测试验证平台,开展功能、适配性、安全性、可靠性等技术试验测试服务与评估服务,规范平台发展秩序,通过海量使用加速平台落地并完善各项功能。

(三)建设开放社群,促进工业技术和知识的交互融合

鼓励行业领军型企业及平台企业打造开发者社区,针对共性关键技术建设开源技术、开发工具、组件库、工业大数据系统、工业数据建模和分析的开源社区,建立集体开发、合作创新、对等评估的研发机制。积极培育工业App开发者队伍,打造基于开源社区的工业“双创”新生态。

在开源社区的基础上建立线上线下结合的开放社群。建设省级相关示范基地、产业园、工业企业、专业服务商及专业技术。通过线上开放社群进行行业知识和技术的资源共享与交互,促进省内开放社群链接国际国内前沿技术,对接行业知识专家与专业组织,将交互成果反馈到线下具体工业应用场景,支撑工业互联网产业化落地。

(四)推进标准体系构建

设计全面覆盖应用层、边缘层、平台层、IaaS层(基础设施服务)的工业互联网应用标准体系,促进联网协议标准的互联互通,实现跨行业的通用性和互操作性。重点开展平台层与应用层技术标准建设,针对工业数据交换、建模、分析、管理与大数据服务等标准,实现数据的有效管理与工业要素的一致描述。

(五)提升安全保障及数据资产治理能力

在国家工业互联网网络安全、数据保护等法规体系内，探索区域内的网络安全引擎、防护与应急处置机制，建立地方工业安全监测平台与能力评估平台，展开信息报送。构建主动防御型安全保障体系，建立覆盖边缘层、IaaS层(基础设施服务)、平台层和应用层的安全防护系统。规范数据利益相关方的权利义务，明确数据确权与隐私保护规范。

针对山东省工业互联网生态系统的特性及构成主体，围绕数据涉及的利益相关方建立协调机制和规范，促进区域内企业尤其是平台型企业提升数据资产竞争力，提高企业数据使用效率。

(六)积累科教资源，促进相关人才的引进与培养

工业互联网生态系统的构建需要大量专业化、跨学科和应用型人才。一是要积累基础性人才以应对工业互联网落地后的需求，包括网络安全专家、熟悉机械与工业工程数字的机械工程师、软件工程师、数据分析专家等，推进、引导本省院校在相关人才培养方面完善人才培养体系和学科建设，鼓励专业研究机构、行业龙头企业在山东省建立研究院。二是针对当前实践中紧缺的跨界人才，即既熟悉工业场景又了解计算机语言的人才，宜采取引进与培养相结合的方式，促进跨界知识融合，完善行业知识体系。三是促进工业互联网生态系统中相关产业的创新创业，吸引应用型人才来山东创业。四是发展区域内的工业互联网专业人才市场，建立人才数据库，依托工业互联网生态体系吸引国际人才，促进人才的跨界、跨领域流动。

五、着力培育新业态新模式

坚持市场化方向，积极引导企业利用互联网和数字化手段大力培育数字经济、创意经济、平台经济等全新的业态和模式，努力拓宽“四新”经济发展空间。一是开拓发展创意经济。突出战略性新兴产业技术特征，结合山东特色，以创作生产技术实现产业突破发展，推动文化产业虚拟现实、增强现实、交互娱乐、人工智能等新技术领域的快速发展。大力促进文化产业与科技融合发展，改造提升传统文化产业，搭建一批文化技术创新服务平台，催生发展一批文化创意、手机电视、网络电视、数字出版、动漫游戏等新兴文化业态。积极引导文化和旅游融合发展，加强对省内艺术品、文物、非物质

文化遗产等文化资源的数字化转化和开发，特别是开发利用好孔子文化等独特的历史文化。支持企业发展动画动漫、网络游戏、互联网信息服务、数字化内容制作、传播能力设计等数字服务创意，整合形成特色鲜明的山东数字文化创意产品。二是支持发展分享经济。顺应分享经济发展趋势，鼓励各类线上虚拟众创空间发展，为企业和各类劳动者提供跨行业、跨学科、跨地域的线上交流和资源链接服务。鼓励大型互联网企业、行业领军企业通过网络平台向各类创业创新主体开放技术、开发、营销、推广等资源。鼓励各类电子商务平台为小微企业和创业者提供支撑，降低创业门槛，加强创业创新资源共享与合作。着力推动先进信息技术与衣、食、住、行等分享经济新趋势进行有机结合，培育一批本土化的“独角兽”企业，催生和发展智慧出行、共享租住、生产能力分享、知识技能共享等新业态。推动数字创意、分享经济与电商、社交媒体、教育、旅游、农业等领域高度融合，培育更多新产品、新服务和新业态，形成创意经济、分享经济无边界渗透格局，进而实现实体经济融合发展。

第四节　创造品牌效应

实施品牌提升战略，构筑品牌培育、保护机制，树立精益求精、追求卓越的“工匠精神”，推动山东制造向山东质造、山东创造，山东产品向山东名品、山东精品转变。

一、做好四个“品牌”

以市场为导向，以企业为主体，以创新为动力，夯实质量基础，突出驰名商标，构筑品牌培育和保护机制，创建企业品牌、产业品牌、区域集群品牌和山东整体品牌，提高品牌竞争力和国际化水平，以品牌高端化助力动能转换。

（一）做精企业品牌

推动企业加快研发机构建设，提高技术创新能力，不断开发掌握核心技术并具有自主知识产权、适应市场需要的新产品，提高名牌的科技含量，培育一批影响力大、竞争力强的国内一流品牌和世界知名品牌。

（二）丰富产业品牌

注重挖掘齐鲁农耕文化资源，不断挖掘拓展农产品、农事景观、乡土文化、绿色生态等创意和设计，以“齐鲁灵秀地、品牌农产品”为主题打造山东农业整体品牌形象。提升一批在国内外有较强竞争力的传统知名品牌，培育一批掌握核心技术、形成规模优势的新品牌。推动工程建设领域产业化、标准化、集成化发展，加快与国际接轨步伐。引导服务行业及企业制定、实施服务标准，推进专业化、标准化、规模化服务。

（三）壮大区域集群品牌

加强高端策划论证，不断提升区域品牌的内涵，完善区域品牌培育机制。充分发挥地方资源、文化和产业优势，开展产业集群、优质产品生产基地、放心食品生产基地、标准化示范区创建和认定。开展质量强市、县（市、区）工作活动，策划举办区域品牌推介高端展会、论坛，推动名企、名园、名基地、名社区、名城市发展，促进区域生产要素优化整合和产业结构调整，引领形成一批处于产业高端、掌握核心技术、市场潜力大的龙头企业和产业集群，培育一批特色鲜明的区域品牌。①

（四）打响山东整体品牌

深入实施品牌战略，开展质量标杆引领、服务标准化提升、品牌价值提升等专项行动，大力培育高品质自主品牌，加快建设品牌强省。鼓励企业建立健全质量管理体系，积极参与国际标准、国家标准、行业标准制定修订。支持和引导企业开展国内外商标注册，提升研发设计、品牌创建、营销网络拓展能力，从产品经营转向品牌运营、从价格竞争转向价值服务，在各行各业、各个领域创造优势和亮点。加大山东品牌宣传推介力度，打造“好品山东”“好客山东”“忠义山东人”，维护齐鲁大地名誉和荣誉，使“山东”两字成为信得过、靠得住、名扬海内外、盛誉永流传的亮丽名片。

二、八点建议

为推动山东建设名牌强省，提出以下八点建议：

---

① 参见《山东省人民政府关于加快推进品牌建设的意见》（鲁政发〔2016〕24号），2016年9月18日。

(一)确立建设名牌强省的新战略

现代市场经济是品牌经济,现代市场竞争是品牌的竞争,培育出名牌竞争优势也就拥有了供给侧优势,也才会持久地吸引消费、引领消费。因此,山东省应制定名牌强省新战略,把建设名牌强省作为经济文化强省建设的重要突破口和战略支撑点。

(二)制定建设名牌强省的中长期规划

名牌强省建设应被纳入山东省总体发展规划。名牌强省建设的中长期规划应明确山东名牌建设的总目标、总体思路、名牌体系、名牌建设的重点和步骤、举措等。

(三)把培育国际名牌放在重中之重的位置

建设国际名牌不是一朝一夕就能实现的,通常需要 8～10 年,甚至十几年时间。山东企业打造国际名牌要实施“分步走”战略:一要坚持产品标准的国际化。高质量的产品是获取国际市场认可和国外消费者信任的关键。企业制定的产品质量标准不仅要达到国际标准,甚至应超过国际标准。二是重视在国外注册商标,实现商标的国际化。三是到国际资本市场上融资,也把山东名牌带到国际投资者面前,并借助国际投资者推广名牌。四是敢于和善于到国外去建设研发体系和市场营销网络,树立山东名牌在国外政府、经销商和消费者心中的良好形象。

(四)建立与完善培育名牌的综合投入机制

山东省培育名牌首要的是建立综合投入机制。一是要制定人才资源开发计划。调查中发现有 20%多的大企业、74%的中型企业存在高素质人才紧缺的短板。因此,要重点推进企业设立用于提高职工整体素质的基金,建立各具特色的企业培训中心;建立山东省服务于名牌建设的人才引进平台。充分发挥高校和科研单位的作用,培养一批从事名牌研究、名牌评价的专业技术人才。二是建立企业研发投入机制,包括研发投入的资金增长机制、融资成长机制和风险控制机制,以此提升研发经费投入强度。三是要鼓励企业建立服务于名牌产品培育的研发中心,并引导和扶持有条件的企业建立省级或国家级重点实验室。

(五)在全省展开创著名品牌的企业家培训计划

山东省培育名牌产品,建立具有名牌意识的高素质企业家队伍是重要保证。应考虑由省相关部门牵头，通过全省集中组织培训与地市分散培训相结合的方式开展大规模的企业家培训活动。在全省集中培训过程中，应聘请国内外专家、创出国内外著名品牌的优秀企业家共同授课，以获取好的培训效果。还可考虑在市县、乡镇建立创名牌产品服务站，对当地企业、农村经济组织和管理者进行必要的辅导和引导。

（六）加大政府的扶持力度

创造充分的竞争环境，有利于激发企业的竞争意识，通过争创名牌来参与市场竞争；同时，政府的扶持也必不可少。山东省应尽快建立山东省名牌数据库，对获得省级以上名牌称号的企业，应在设立融资的绿色通道、项目贷款的财政贴息、扶持优先上市、科研立项、技改、先进技术设备的引进、各类工程招投标加分、政府制定名牌产品采购目录、知识产权保护等方面给予必要的支持和激励。

（七）举办中国名牌展销会

山东应考虑举办中国名牌展销会，在吸引国内外经销商、消费者来参会、观光的同时，促进山东企业向其他省市、国外名牌企业学习，也带动山东名牌走向全国和世界。

（八）设立“山东著名品牌奖”

对创出中国知名品牌特别是国际品牌的企业和组织进行奖励；可考虑每两年评选一次，以发挥杰出企业应有的引导和激励作用。

第五节　布局综合性重大支撑平台

围绕“四新”经济发展，统筹国家和全省资源，在智慧城市、大数据、云计算、医药公共研发等领域，建设六个综合性重大支撑平台。

一、打造国家级新型智慧城市载体平台

按照国务院部署，山东省应组织开展新型智慧城市认定和综合评价工作，进一步明确发展方向、建设重点和政策措施，切实提升智慧城市建设的实效和水平。组织实施“互联网＋小镇”创建工作，把“互联网＋小镇”作为新型智慧城市建设的重要突破口，注重大视野、新业态，突出发展“互联网

十”特色主导产业，打造生产、生活、生态相融合的新型社区，形成一批“园中园”“镇中镇”，探索新型工业化、城镇化、信息化和绿色化融合发展的智慧城市发展模式。

二、打造国家级超级计算平台

依托国家超级计算济南中心，进一步拓展计算资源，开展编程技术，扩大海洋数值模式、气候气象等大规模典型行业应用。面向航空航天、智慧海洋工程、海洋气候气象、生物信息、信息安全、大数据处理、工业设计仿真、气象及空气质量预报等重大战略需求，提供应用服务，成为基础科学创新和重大技术攻关、加速企业科技创新、凝聚高端技术人才、“大众创业、万众创新”的重要平台。

三、打造国家级区域大数据平台

依托大数据流通与交易技术国家工程实验室，开展大数据关键技术攻关、应用验证和产业推广，建设行业数据所，挖掘汇聚大数据资源，建成“一网一库两中心”，即天元大数据网、大数据云库、大数据交易中心和大数据双创中心，构建涵盖大数据采集、加工存储、流通交易、挖掘分析、创新应用整个产业链的大数据生态，形成面向全国的天元大数据平台。

四、打造国家级云服务平台

依托浪潮集团，面向国内云服务市场需求，基于国际领先的云中心建设标准，遵循硬件重构＋软件定义的技术路线，研发建设自主可控的云计算数据中心、技术研发中心和服务支撑中心。建成国内首家、亚洲最大的第四代云数据中心，并在全国七大城市建设分中心，面向全国用户提供覆盖软件即服务、平台即服务、基础设施即服务的全面云服务。

五、打造国家级工业云创新服务平台

综合利用云计算、物联网、大数据等新一代信息技术，构建一个涵盖基础平台、六个业务云（设计云、管理云、商务云、物联服务云、知识云及数据云）和两个保障体系（安全体系、标准体系）的云制造公共服务平台，为工业企业，尤其是中小企业提供研发、设计、生产、销售、管理和售后一站式智能服务，覆盖产品全生命周期。着力解决广大中小企业普遍面临的产品研发能力不足、经营管理水平落后、产业链协作能力差的问题。

六、打造国家综合性新药研发技术大平台

利用大平台所具有的大型精密测量仪器设备条件、相关专业技术优势，积极参与国家“十三五”启动的仿制药一致性评价，提供药学研究、生物等效性研究的服务；推动各技术子平台根据其技术特点，掌握更多创新药研发所需的关键技术，解决一批新药研发所涉瓶颈问题。

第六节　布局重大创新平台

围绕创新型省份建设的总体目标，按照“补短板、强支撑”的原则，着力于重点区域、主导产业、骨干企业三个层面以及创新创业、技术创新、成果转化三个环节，在五年时间内新增一批国家级重大创新平台，形成有效支撑“四新”经济发展的创新体系。

一、规划建设区域创新中心

建设区域创新中心，对于更好地集聚、整合、优化区域创新资源，营造创业创新的良好生态环境，培育区域持续创新内生动力，促进区域经济提质增效，打造区域经济增长新引擎，具有重要意义。山东省委、省政府在关于实施创新驱动发展战略的文件中明确，要加快建设一批省级区域创新中心。下一步，应重点依托国家高技术产业基地、省级战略性新兴产业示范基地和集聚发展重大产业基地，打造“陶瓷谷”“生物谷”“海洋谷”等在全国有重要影响的区域创新中心。

二、布局建设产业创新中心

建设产业创新中心，有利于充分发挥行业龙头企业的骨干作用，引领高校院所和中小企业上下游联合协同创新，实现产业链、创新链和资金链的有机融合，推动产业向价值链中高端延伸，提升整个产业的质量效益和话语权。下一步，按照“一产业、一中心”的总体思路，面向制造业、农业和服务业组织开展省级产业创新中心认定工作，率先在部分重点产业领域建设 30 个省级产业创新中心，为创建国家产业创新中心奠定坚实的基础。

三、加快培育创新百强企业

组织实施企业创新百强重大工程，有利于引导企业创新优化体制机制，激发企业创新内生动力，提高企业的技术创新、管理创新、组织创新和商业模式创新能力，培育形成一批具有全球影响力的创新领军企业。目前，山东省已经由 6 个省直部门和单位共同认定了首批 15 个创新百强试点企业，支持浪潮集团和万华化学成功跻身国家“创新百强”首批企业。下一步，在全面评估首批试点情况、总结试点经验的基础上，继续组织实施企业创新百强重大工程，按照“一企一策”的原则，5 年时间内支持打造省级创新企业 100 强，引领示范全省企业创新发展。

四、打造“双创”示范基地

国务院办公厅专门出台了《关于建设大众创业万众创新示范基地的实施意见》，明确部署建设一批双创示范基地、扶持一批双创支撑平台、突破一批阻碍双创发展的政策障碍、形成一批可复制可推广的双创模式和典型经验，围绕重点改革领域开展试点示范。[①] 2016 年，海尔集团成功创建国家双创示范基地。下一步，要认真总结海尔国家双创示范基地建设的成功经验，并向全省推广，在此基础上研究制定省级双创示范基地建设指导意见和实施方案，依托双创资源集聚的区域、高校和科研院所、创新型企业等各类载体，分批次、分阶段打造一批多种形式的双创示范基地。

五、着力打造重大创新平台

强化技术创新的引领和支撑作用，面向产业发展需求和成果转化关键环节，着力构建以企业为主体、市场为导向、产学研相结合的重大创新平台，有效破解经济和科技“两张皮”的问题。未来 5 年，支持大企业牵头创建国家

---

① 参见《国务院办公厅关于建设大众创业万众创新示范基地的实施意见》(国办发〔2016〕35 号)，2016 年 5 月 12 日。

工程研究中心、国家企业技术中心、国家重点实验室和国家地方联合工程实验室；支持细分行业“隐形冠军”“小巨人”、瞪羚企业等优势特色突出的“专、精、特、新”中小企业，建设省级工程实验室和工程研究中心。

第七节　营造“四新”经济发展环境

围绕构建适应“四新”经济发展规律、满足新动能集聚需要的政策法规和制度环境，通过深化简政放权、放管结合、优化服务，基本建成包容和支持创新发展的管理体系。

一、注重提高政府服务的能力和水平

一是进一步深化商事制度改革。推进工商注册便利化，扩大简易注销试点。优先对新业态实行“证照分离”改革试点，在工商登记中推进“多证合一”，取消不必要的行业门槛限制，切实解决“准入不准营”问题。二是提升政务服务水平。推广“互联网＋政务服务”，普及网上预约、审批、咨询，全面实行并联审批、阳光审批、限时办结等制度，提高审批协同性和办事效率。

二、探索建立包容创新的审慎监管制度

一是完善以负面清单为主的产业准入制度。对未被纳入负面清单管理的行业、领域、业务等，各类市场主体皆可依法平等进入。针对新技术、新产业、新业态、新模式，本着降低创业门槛的原则，不急于将其纳入负面清单管理。二是强调事中事后包容性监管。充分考虑分享经济特殊性，审慎研究信息中介服务平台企业的行业准入办法。根据教育培训、健康医疗、交通出行等领域新业态的特征，调整优化准入标准，创新监管方式，鼓励商业模式创新。

三、建立“四新”经济推进机制

一是研究制定“四新”经济法规条例。前瞻性地把握未来发展需求，研究围绕“四新”经济开展相关立法。二是建立“四新”经济统计体系。适应“四新”经济领域市场主体变化快、业态新、规模小等特点，研究“四新”经济

统计初步方案,创造条件尽快开展具有地方、行业特色的"四新"经济统计调查和分析研究,建立动态的"四新"企业库和案例库,为科学预测预判"四新"经济趋势提供依据。三是强化组织领导和决策咨询。建立"四新"经济协调推进机制,统筹解决重大问题。充分发挥行业协会、科技社团在规划、政策制定及交流合作等方面的促进作用,建立专家决策咨询机制。

第八节　构建"四新"经济快速发展的政策体系

发展"四新"经济是一项重大的系统工程,需要全省上下齐抓共管,形成合力,共同推进。应切实加大政府和金融机构支持力度,推动大数据等信息资源有效利用,完善人才使用方式和知识产业环境,为"四新"经济发展营造良好的政策环境。

一、加大政府支持力度

一是实施研发投入普惠政策。对符合规定条件、研发投入达到一定强度的"四新"经济领域企业,按照相应标准给予补贴,落实研发费用加计扣除等税收优惠政策。二是加大财政资金扶持。针对"四新"经济关键环节对资金的需求,进一步对现有基金进行整合集中,并适当补充财政出资和省属国有投资运营公司出资,新组建500亿元规模以上的"四新"经济发展基金;每年出资20亿元,设立"四新"经济专项资金,用于统筹投资支持一批重大基地、重大工程、重大项目和重大平台,着力突破重大成果转化和产业化等关键环节。三是实行弹性用地。针对"四新"经济发展特点,探索实行弹性出让年限、长期租赁、先租后让、租让结合等供地方式。对制造企业在不改变用地主体和规划条件的前提下,利用存量房产、土地资源发展与互联网融合的新业务、新业态的,实行5年内保持土地原用途和权利类型不变的过渡期政策。

二、引导金融倾斜支持

一是积极引导对接资本市场。加强风投机构等与"四新"企业和项目的对接,推进一批"四新"企业改制上市。支持符合条件的"四新"企业上市或发行票据融资，鼓励符合条件的发行主体发行小微企业增信集合债等企业债券创新品种。二是引导金融机构创新支持方式。鼓励银行提高针对“四新”企业的金融服务专业化水平，不断创新组织架构、管理方式和金融产品。推动银行与其他金融机构加强合作，对“四新”活动给予有针对性的股权和债权融资支持。鼓励银行等金融机构向“四新”企业提供结算、融资、理财、咨询等一站式系统化的金融服务。三是积极探索融资新模式。支持互联网金融发展，引导和鼓励众筹融资平台规范发展，开展公开、小额股权众筹融资试点，加强风险控制和规范管理。支持保险资金参与“四新”活动，发展相互保险等新业务。完善知识产权估值、质押和流转体系，依法合规推动知识产权质押融资、专利许可费收益权证券化、专利保险等服务的常态化、规模化发展，支持知识产权金融发展。

三、强化数据支撑

一是完善信息基础设施。加快布局下一代互联网，通过全面建设光纤宽带网络、移动宽带网络、广播电视网络、行业专用通信网络、物联感知、云计算数据中心、大数据平台、内容分发网络、物联网、陆地光纤网络、海底光纤网络、卫星通信网络等种类繁多、规模庞大的信息基础设施，构建多网络融合发展、多空间维度一体化、综合智能化的先进信息基础设施体系架构，形成推动“四新”经济发展的基础条件。二是推进信息开放共享。根据数据安全属性，依据有关规定，实施数据开放“负面清单”制度；按照重要性和敏感程度分级分类，积极稳妥地向社会开放政府数据。建设全省公共数据共享平台和统一政务信息服务平台，先行开放宏观经济、交通、医疗、教育、资格资质、产品质量等数据，加快推进人口、法人单位、空间地理、档案等信息资源库共建共享。三是促进数据融合应用。加强互联网数据与政务数据资源的配合应用，努力在产业互联、行业精细化、精准营销等方面支持公众和企业充分挖掘信息资源商业价值，催生更多的“四新”经济形态。

四、健全完善人才使用方式

一是引进高端人才和团队。建立全球产业领军人才信息库和搜索引擎，定期制定和发布重点产业引才目录，在重点行业和关键领域引进一批能够突破关键技术、发展高新产业、带动新兴学科的高端外国专家和海外工程师。加强与国家“千人计划”“万人计划”等对接，重点引进一批带项目、带成果的高层次海归人才团队。二是充分激发人才活力。支持企业、高校和科研院所通过科技咨询、技术合作、技术入股、合作经营、投资兴办实业等方式，以及年薪工资、协议工资、项目工资等薪酬方式，柔性引进一批国内外原创性科技创新人才、高水平经营型管理人才。三是充分发挥“智库”作用。组建战略性新兴产业、“互联网＋”产业、大数据产业等专家咨询委员会，为“四新”经济快速发展提供智力支撑。

五、完善知识产权环境

一是加强知识产权保护。完善新模式新业态创新成果保护制度，探索在线创意、研发设计、众创众包等新领域知识产权保护新途径。二是完善维权机制。探索建立一批专业领域知识产权快速维权中心，完善知识产权快速维权通道和救助网点，缩短确权审查、侵权处理周期。三是加大处罚力度。针对反复侵权、恶意侵权等行为，加大处罚力度，实施惩罚性赔偿制度。

六、推动开放合作

一是招商引资和引智相结合。设立多层次、专业化的招商机构，谋划引进一批世界500强企业和国内行业龙头企业，面向山东省重点领域、重点区域和重大基地，实施一批影响力、带动力大的重大项目。做好引资和引智结合文章，积极引进领军人才、专业技术人才和管理人才，增强智力支撑。二是大力开展国际科研合作。围绕市场需求产生的重大技术需求，支持高校、科研院所、企业与国外相关机构开展合作，实现重点关键技术新突破。吸引跨国公司来山东省设立研发中心，联合山东省企业、科研机构开展多种形式的联合攻关。三是创新开放合作模式。鼓励有条件的企业“走出去”，通过自建、并购、合作共建等多种方式在省外建立研发中心，面向全球配置创新资源。支持鼓励有竞争优势的“四新”企业通过海外并购等方式开拓国际市场，争抢全球话语权。

第九节　完善“四新”经济发展的文化支持体系

文化是一个国家的灵魂，蕴藏着巨大的思想力量、精神力量、品牌力量和产业动能。“精神动能”也是新旧动能转换的题中应有之义，是激励大家干事创业的精神动力。抢抓新旧动能转换重大历史机遇，加快推动高质量发展，必须以解放思想为先导，着力提升文化软实力，着力激发精神文化新动能，加快打造文化名片。山东文化底蕴浓厚，守着“金饭碗”，有时却不知道如何将其兑换成熠熠闪光的文化产品。弘扬齐鲁文化，更重要的是将其思想文化精髓与今天的社会道德、民俗风范和文化自信结合起来，有效推动山东各行各业发展以及文化产业的建构。

着力激发精神文化新动能，要不断强化思想精神引领力。着力破“满”，着力破“旧”，着力破“窄”，着力破“僵”，是解决干部队伍中存在的思想症结、推动新一轮思想大解放的关键所在，是进一步推动改革创新、适应新旧动能转换新要求的关键所在，是实现“走在前列”目标要求、建设现代化强省的关键所在。全省各级特别是领导干部，一定要对照省委要求，进一步找准“病灶”，对症下药，努力清除制约新旧动能转换的旧思想、旧思维，让头脑跟上时代、思想跟上实践，在思想再解放的引领下，加快推动新旧动能转换各项任务落实落地。

激发精神文化新动能，要着力提升文化产业竞争力、持续扩大文化品牌影响力。文化产业既是文化软实力，又是经济硬实力，是经济发展的新蓝海、新动能。文化品牌是重要的无形资产，对于提升吸引力、创造力、竞争力具有无可替代的重要作用。山东省文化产业基础条件较好，但发展步伐与先进地区相比还有差距，要找准症结，抢抓机遇，加速把山东省文化旅游产业进一步做大做优，进一步做好全省文化旅游品牌、企业产品品牌、城市品牌的策划推广工作，树立好形象，增强发展正能量。[①]

① 参见《潍坊市着力激发精神文化新动能》，《潍坊日报》2018 年 3 月 31 日。

主要参考文献

1.边际:《李耀新谈“四新”经济》,《上海质量》2014 年第 8 期。

2.丁加力:《乐清深化“亩均论英雄”改革探索》,《浙江经济》2018 年第5 期。

3.黄少安:《新旧动能转换与山东经济发展》,《山东社会科学》2017 年第9 期。

4.崔家佑:《向“四新”要能源,开拓节能新途径》,《经济管理》1986 年第5 期。

5.鲁春丛:《发展信息经济,促进新旧动能转换》,《世界电信》2016 年第8 期。

6.王小广、张云发:《以“四新”为根本动力推动经济快速增长——2002 年宏观经济形势分析及 2003 年预测》,《管理世界》2003 年第 1 期。

7.赵君丽、吴建环:《发达国家“四新”经济的发展及对上海的启示》,《上海经济研究》2015 年第 5 期。

8.朱卫平、陈林:《产业升级的内涵与模式研究》,《经济学家》2011 年第2 期。

9.张其仔:《比较优势的演化与中国产业升级路径的选择》,《中国工业经济》2008 年第 9 期。

10.钱水土、周永涛:《金融发展、技术进步与产业升级》,《统计研究》2011 年第 1 期。

11.刘志彪、王建优:《制造业的产能过剩与产业升级战略》,《经济学家》2000 年第 1 期。

12.李淑华:《现代供应链对传统产业转型升级的作用》,《宏观经济研究》

2019 年第 9 期。

13.郑江淮、宋建等:《中国经济增长新旧动能转换的进展评估》,《中国工业经济》2018 年第 6 期。

14.杨蕙馨、焦勇:《新旧动能转换的理论探索与实践研判》,《经济与管理研究》2018 年第 7 期。

15.孙燕芳:《新旧动能转换背景下企业效率提升对企业价值的影响》,《农业经济问题》2020 年第 7 期。

16.李长安:《经济新常态下我国的就业形势与政策选择》,《北京工商大学学报》(社会科学版)2016 年第 12 期。

17.裘莹、于立新:《互联网+新业态促进中国服务贸易与货物贸易协调发展研究——基于浙江省的经验》,《宏观经济研究》2015 年第 12 期。

18.李凯杰:《供给侧改革与新常态下我国出口贸易转型升级》,《经济学家》2016 年第 4 期。

19.刘霞辉:《供给侧的宏观经济管理》,《经济学动态》2013 年第 10 期。

20.洪银兴:《准确认识供给侧结构性改革的目标和任务》,《中国工业经济》2016 年第 6 期。

21.陈雯:《生态经济:自然和经济双赢的新发展模式》,《长江流域资源与环境》2018 年第 1 期。

22.孙剑:《中国经济发展模式的演进与新模式的构建》,《理论学刊》2010 年第 9 期。

23.李国成:《信息、新技术与高效益》,《经济与管理研究》1984 年第4 期。

24.何平、骞金昌:《中国制造业:技术进步与就业增长实证分析》,《统计研究》2007 年第 9 期。

25.李江涛、孟元博:《当前产业升级的困境与对策》,《国家行政学院学报》2008 年第 9 期。

26.刘拥军:《论比较优势与产业升级》,《财经科学》2005 年第 5 期。

27.赖俊平、张涛、罗长远:《动态干中学,产业升级与产业结构演进——韩国经验及对中国的启示》,《产业经济研究》2011 年第 3 期。

28.李培育:《落后地区产业升级战略中的需求分析》,《管理世界》2003 年第 8 期。

29.孙军、高彦彦:《全球产业链、区域工资差异与产业升级——对长三角和珠三角产业发展模式的一个比较研究》,《当代经济科学》2010 年第 3 期。

30.陈清泰:《经济转型与产业升级的几个问题》,《中国软科学》2014 年第 1 期。

31.于成永、施建军:《产业升级视角下外部学习、技术并购边界与创新》,《国际贸易问题》2011 年第 6 期。

32.陈荣耀:《进口替代Ⅲ期与中国产业升级》,《重庆社会科学》2012 年第 12 期。

33.邢夫敏:《FDI 主导型产业集群特征与本土企业产业升级对策——基于苏州笔记本电脑产业集群的经验分析》,《科技进步与对策》2013 年第2 期。

34.王国平:《产业升级中先进制造业成长规律研究——以上海先进制造业发展为例》,《中共中央党校学报》2009 年第 2 期。

35.刘建民、胡小梅:《空间效应与战略性新兴产业发展的财税政策运用——基于省城 1997～2010 年高技术产业数据》,《财政研究》2013 年第1 期。

36.王海、许冠南:《政策协同、官员更替与企业创新——来自战略性新兴产业政策文本的经验证据》,《财经问题研究》2017 年第 1 期。

37.龚恩华:《税收激励战略性新兴产业发展的国际借鉴》,《山西财经大学学报》2012 年第 10 期。

38.尹小平、苏扬:《战略性新兴产业税收政策的国际借鉴与路径选择》,《求索》2012 年第 1 期。

39.上海市经信委:《“四新”经济的上海路径》,《决策》2016 年第 12 期。

40.黄伟:《“四新”经济,孕育江苏转型新动能》,《新华日报》2016 年11 月 23 日。

41.江宜航:《广东揭阳:探索开发区转型新模式》,《中国经济时报》2015 年9 月 7 日。

42.刘子烨:《发展“四新经济”助推转型发展》,《联合时报》2015 年 1 月 9 日。

43.邵生:《“以亩产论英雄”,江苏开发区遵循发展新逻辑》,《新华日报》

2017 年 8 月 16 日。

44.王欣芳、朱俊青:《"创新驱动"打造山东经济新格局》,《齐鲁周刊》2016 年 10 月 24 日。

45.王昌林、姜江:《推进"四新经济"加快成长》,《经济日报》2016 年 7 月 30 日。

46.杨成长:《产业跨界融合呈现五大趋势》,《中国证券报》2014 年 10 月 24 日。

47.杜文景:《山东加快发展"新六产"打造农村经济发展"升级版"》,新华网,2016 年 12 月 22 日。

48.R. Busser, "'Detroit of the East'? Industrial Upgrading, Japanese Car Producers and the Development of the Automotive Industry in Thailand", *Asia Pacific Business Review*, 2007, 14(1),pp.29-45.

49.R. S. Wang,"The Frontiers of Urban Ecological Research in Industrial Transformation", *Acta Ecologica Sinica*,2000,20(5), pp.830-840.

50. A. Muliro, " Editorial: Sustainable Industrial Transformation: Mirage or Miracle?", *Development*,2015,58(4), pp.441-445.